भ्रष्टाचार भारत छोड़ो

भ्रष्टाचार भारत छोड़ो

किरण बेदी

प्रभात पेपरबैक्स
प्रभात प्रकाशन
ISO 9001 : 2008 प्रकाशक का उद्यम
www.prabhatbooks.com

प्रकाशक

प्रभात पेपरबैक्स

4/19 आसफ अली रोड, नई दिल्ली-110002

फोन : 23289555 • 23289666 • 23289777 ❖ फैक्स : 23253233

इ-मेल : prabhatbooks@gmail.com ❖ वेब ठिकाना : www.prabhatbooks.com

संस्करण

प्रथम, 2014

अनुवाद

वीणा शर्मा

मूल्य

एक सौ पच्चीस रुपए

अ.मा.पु.स. 978-93-5048-735-8

मुद्रक

भानु प्रिंटर्स, दिल्ली

BHRASHTACHAR BHARAT CHHODHO

by Kiran Bedi

Rs. 125.00

Published by **Prabhat Paperbacks** (A Division of Prabhat Prakashan)
4/19 Asaf Ali Road, New Delhi-2

ISBN 978-93-5048-735-8

उन सभी लोगों को
जिन्होंने भ्रष्टाचार के खिलाफ
खड़े होने का साहस व दृढ़ निश्चय अपने तरीके से
अकेले अथवा सामूहिक तौर पर दिखाया।
उनके इस कदम ने ही भारत में
महामारी का रूप धारण कर चुके
भ्रष्टाचार को सबके सामने
लाने में मदद की।

यह पुस्तक क्यों

जब मैंने सन् 1993 में तिहाड़ जेल में इंस्पेक्टर जनरल के तौर पर काम करना आरंभ किया, मुझे बताया गया कि कैदियों के लिए आनेवाले अनाज की चोरी की जा रही है। उनको जो अनाज दिया जा रहा है, उसमें न केवल कीड़े लगे होते हैं, बल्कि उसकी मात्रा भी उनके हक से बहुत कम होती है। इसका अर्थ यही था कि वहाँ पर बाहर व अंदर के लोगों द्वारा बेरहमी व मूर्खतापूर्ण ढंग से अपराध, जिसमें स्पष्ट तौर पर भ्रष्टाचार का मामला बनता था, किया जा रहा था।

अपने 35 वर्ष की पुलिस की नौकरी में मेरे समक्ष बहुत सी परिस्थितियाँ आईं, जिनमें उन्हीं नेताओं, जो कि उसके लिए स्वयं जवाबदेह थे और उन पर कानून का पालन करने तथा न्याय करने की सबसे महत्त्वपूर्ण जिम्मेदारी थी, लेकिन वे अपने कर्तव्यों के विपरीत कार्य कर रहे थे, से भ्रष्टाचार व बेईमानी की बू आई, सम्मिलित थी। वे हर प्रकार से अपने स्वयं के व्यावसायिक लाभ व आराम के लिए पक्षपातपूर्ण व्यवहार के दोषी बने हुए थे, और वे सबके सामने भी नहीं आ रहे थे।

मैंने अपनी नौकरी के दौरान इस प्रकार की घटनाओं को उपयुक्त मंचों पर विश्वसनीय सुबूतों के साथ उजागर किया। यही वजह थी कि मुझे कुछ सत्ताधारी नेताओं और पुलिस मुख्यालय के मेरे कुछ वरिष्ठ अधिकारियों द्वारा कई अवसरों से दूर रखा गया।

एक बार जब एक नए पुलिस कमिश्नर द्वारा कार्यभार सँभाला गया, हालाँकि उस समय मेरे पास भी पुलिस मुख्यालय में उस पद पर आसीन होने की वरिष्ठता थी, पुलिस कमिश्नर से मेरी पहली मुलाकात के दौरान उन्होंने मुझसे कहा, ''आप आगे से नहीं लिखेंगी (उन दिनों मैं नियमित

तौर पर विभिन्न दैनिक समाचार-पत्रों में कॉलम लिखा करती थी।) और न ही आप पुलिस के कल्याण के लिए आयोजित किसी भी सेमिनार में भाग लेंगी।''

मैंने पूछा, ''क्यों सर?''

उन्होंने कहा, ''क्योंकि मैं यही चाहता हूँ।''

वे चाहते थे कि मैं उनकी टीम का हिस्सा बन, उनकी दास बनकर कार्य करूँ। मैंने उनके निर्देशों का पालन नहीं किया। जब उन्होंने देखा कि मैं उनके आदेशों का अनुसरण नहीं कर रही हूँ तो उन्होंने मुझे अपने तरीके से परेशान करना आरंभ कर दिया।

उन्होंने मेरे कार्य-प्रदर्शन के प्रतिकूल रिपोर्ट तैयार कर वरिष्ठ अधिकारियों कों भेजी, जिसके कारण मेरी पदोन्नति को अस्वीकृत कर दिया गया। लेकिन उस समय एक अदृश्य शक्ति, जिसे ईश्वर कहते हैं, ने मेरी रक्षा की और यह किस प्रकार हुआ, वह इतिहास बन चुका है। उसके बारे में मैंने पूरे विस्तार से अपनी पुस्तक 'आई डेयर' में चर्चा की है।

यह तीव्रता के साथ विनाश करनेवाला ऐसा भ्रष्टाचार था, जिसके साथ मेरा सामना काफी करीब से हुआ था।

हम अपने आस-पास आजकल जो भी देख रहे हैं, वह और कुछ नहीं, मात्र लूट है। यह लूट इतने ऊँचे स्तर पर मची हुई है कि हम इसमें शामिल शून्यों की संख्या की गिनती भी नहीं कर सकते।

इन भ्रष्टाचारों का खुलासा राष्ट्रमंडल खेलों में हुए घोटाले के साथ होना आरंभ हुआ। इसने मुझे भी इसके खिलाफ अपनी आवाज बुलंद करने के लिए विवश किया। मैंने भी सार्वजनिक तौर पर इसके विरोध में उठी लोगों की आवाज का हिस्सा बनना शुरू कर दिया, जो समय के साथ और अधिक तीव्र होती गई। यह वैकल्पिक तौर पर नहीं अपितु परिस्थितियों के वश में होकर बहुत अधिक तीखी हो गई। सबका उद्देश्य एक ही था—एक सुशासित भारत, एक बेहतर भारत, जो हम सभी को समृद्ध तथा हमारी आनेवाली पीढ़ियों को सुरक्षा प्रदान करे।

'लोगों में बदलाव लाएँ!' आंदोलन में बड़ी संख्या में एकजुट होकर साथ आने के पीछे एक जैसा ही उद्देश्य था।

लोगों द्वारा विभिन्न परिस्थितियों में जो कुछ महसूस किया व देखा गया, इसके माध्यम से उस पर अपने विचार व्यक्त किए गए। मेरे लिए यह इस पुस्तक को लिखते समय हलका महसूस करने जैसा था।

मैं आशा करती हूँ कि इस पुस्तक को पढ़कर आप भी भ्रष्टाचार के विरुद्ध छेड़ी गई इस जंग में शामिल हो जाएँगे।

यदि भ्रष्ट लोग अपने निजी स्वार्थ की पूर्ति के लिए एकजुट हो सकते हैं तो हम उनके सताए हुए लोग क्यों नहीं अपने लिए एकजुट हो सकते?

बदलाव लाएँ! उसी प्रकार से जिस प्रकार से आप सोचते हैं कि परिवर्तन की आवश्यकता है। यह हमारा दायित्व है।

—किरण बेदी

अनुक्रम

यह पुस्तक क्यों *7*

1. भ्रष्ट लोगों को किस प्रकार सजा दी जाए? 13
2. इच्छित भाषण 15
3. अँधेरे कल का लाभांश देश को डराता है 19
4. जनता के सेवक और उनके उत्तरदायित्व 23
5. आम आदमी की एक जैसी लड़ाई 30
6. भ्रष्टाचार रूपी कैंसर पर कड़ी निगरानी 34
7. पुलिस सेवा में भ्रष्टाचार रोकने के पाँच महत्त्वपूर्ण उपाय 38
8. आज के समय की माँग है—लोगों में साहस का होना 42
9. दो बिलों की कहानी : प्रारूप व पैबंद 46
10. अन्ना का अनशन, ताकि हम साँस ले सकें 51
11. चुनाव सभी समस्याओं का हल नहीं 55
12. खेल का पासा पलटनेवाले की भूमिका में मतदाता 59
13. परिणाम के बाद विधायकों को उनके वायदे याद दिलाना 63
14. पहले आप अपनी आवाज सुनें, उसके बाद ही नेता आपकी सुनेंगे 66
15. भरोसे में कमी 70
16. सरकार को चेतावनी दी गई, लेकिन असफल हो गई 74
17. रक्षक को भक्षक बनने से कैसे रोका जाना चाहिए 78

18. जी हाँ, मना करने का विकल्प आपके पास है 82
19. भ्रष्ट व्यक्ति बच नहीं सकता 85
20. भ्रष्टाचार के खिलाफ चलाए गए इस आंदोलन का अपने तरीके से विस्तार करें 89
21. भीतर मौजूद हमारे शत्रु 93
22. तीन कक्ष 96
23. एक उद्‌देश्य के लिए लड़ने का प्रतिदान 100
24. हमारा देश घोटालों की भूमि क्यों बन गया 104
25. क्या हम अपने जीवनकाल में परिस्थितियों में बदलाव देखेंगे? 108
26. संघर्ष के बजाय संकल्प में जीएँ 112
27. विश्वासघातियों पर नजर रखें 116
28. नेतृत्व का आदर्श नमूना 120
29. स्वप्नदर्शी नेता 124
30. भ्रष्टाचार के खिलाफ महिलाएँ 128
31. भ्रष्टाचार की कड़ी को तोड़ने की पहल व्यापारी वर्ग करे 133
32. समय आ गया है, लाखों की संख्या में लोग इस मार्च में शामिल हों 137
33. आजादी का दूसरा संघर्ष आरंभ हो गया है 141
34. गिड़गिड़ाना, चुप रहना अब और नहीं 145
35. आगे बढ़ें 149

1

भ्रष्ट लोगों को किस प्रकार सजा दी जाए?

इस प्रश्न का उत्तर इसी में निहित है कि 2जी स्पेक्ट्रम घोटाले, राष्ट्रमंडल खेलों के घोटाले, राज्य के बजट की लूट (झारखंड) या राष्ट्रीय धन को वसूलने (अली हसन केस), जिनमें पूरी तरह से लोगों के आस्था और विश्वास की अवहेलना की गई, जैसे अपराधों को करनेवाले सफेदपोश अपराधियों पर कितना गंभीरता से विचार करते हुए, उनमें विश्वास दिखाते हुए वापस अपना प्रतिनिधि चुनती है। इसलिए यदि इस जबरदस्त लूट को तिरस्कार की दृष्टि से देखा जाए, जिसके यह लायक है, तो आपराधिक न्यायिक प्रणाली को प्रमुखतः जेल में ही स्थापित न्यायालय में प्रतिदिन होनेवाला ट्रायल उपलब्ध करवाना चाहिए। यह विकर्षण को दबाकर रखेगा। एक बार दोषी साबित होने पर लूटी गई धन राशि को राज्य द्वारा जब्त कर ली जानी चाहिए या उन पीड़ितों को वापस लौटा दी जानी चाहिए, जो वैधानिक रूप से उसके स्वामी हैं।

इन सबके माध्यम से सभी को एक संदेश जाता है कि सफेदपोशों द्वारा किए गए अपराध को बरदाश्त नहीं किया जाएगा। अतः वे अपने दम पर ही यह जोखिम उठाएँ।

वास्तविकता यह है कि सफेदपोश अपराधी अन्य अपराधियों की तुलना में अधिक शिक्षित व चालाक होते हैं। वे अपराध को पूरी सावधानी के साथ—जैसा कि उन्होंने अपराध मार्ग या निशानों को छुपाने के लिए

सोच रखा होता है, अंजाम देते हैं। पैसा, शक्ति और अपने आदेशों का पालन प्रभावशाली ढंग से करवाने में सक्षम होने के करण अधिकतर धोखेबाजी न्याय को चकमा दे जाती है और अन्याय को बनाए रखने में सफल हो जाते हैं। ऐसा इसलिए होता है, क्योंकि ऐसी आम धारणा है कि सफेदपोशों द्वारा किए गए अपराध का भुगतान करना पड़ता है, क्योंकि उन्हें कम-से-कम जोखिम के साथ अधिक-से-अधिक पुरस्कार प्राप्त होता है।

भ्रष्टाचार और वित्तीय धोखों ने युवाओं के लिए बहुत से अवांछनीय आदर्शों का निर्माण किया है। धोखेबाज शक्तिशाली पद, दृष्टिक्षेत्र, संपर्क, आराम, जगह, जगमगाहट और ऊपर की ओर बढ़ने की गतिशीलता—सभी कुछ खरीद लेता है। ऐसे युवा, जो सरलता से प्रभावित हो जाते हैं, उनका अनुसरण करना चाहते हैं।

इस ग्रहण-बोध को जेलों में ड्रग्स के आरोप में पकड़े गए अपराधियों के लिए अवश्यक तौर पर जेल में दिन कटवाने के माध्यम से अवश्य बदलना चाहिए। भ्रष्टाचार व धोखाधड़ी के वर्तमान परिदृश्य में यह सबसे अधिक प्रभावशाली निवारण होगा।

मेरी इच्छा यह भी है कि काश, मैं उस जूरी ट्रायल को भी वापस लेकर आ सकती, जो समाज को शीघ्रता से न्याय देने में सहायता प्रदान करता और जब धोखेबाज जेल से बाहर होता तो जैसा कि अमेरिका में किया गया, उसे रेडियो टैगड कर दिया जाए। यह उस प्रकार के व्यक्ति को समाज से निष्कासित कर देगा।

तेजी से फैलते भ्रष्टाचार और विभिन्न स्तरों पर प्रभावशाली एवं डराकर रोकनेवाली भ्रष्टाचार-विरोधी आधारभूत संरचना की अनुपस्थिति के वर्तमान परिदृश्य में हमारे लिए यह आवश्यक है कि धोखेबाजों को जेल के अंदर ही रखा जाए और या तो उनको पूरी तरह से साफ छवि का बनाकर बाहर निकाला जाए अथवा जेल में ही यह सीखने के लिए छोड़ दिया जाए कि किस प्रकार से साफ छवि का निर्माण किया जाता है।

□

2

इच्छित भाषण

हम अपने राजनेताओं से किस प्रकार के भाषण की अपेक्षा करते व उनसे सुनना चाहते हैं और हम उनसे क्या प्राप्त कर रहे हैं? क्या हमारे नेता अच्छे प्रशासन से संबंधित क्षेत्रों पर बोलते हैं अथवा विदेश नीति पर वक्तव्य देते हैं और हमारे पड़ोसी देशों को चेतावनी देते हैं? क्या रोटी, कपड़ा और मकान को ज्वलंत विषय बनाया जा सकता है? अ पार्टी के नेता अथवा ब पार्टी के नेताओं द्वारा मंदिर-मसजिद पर दिए गए भाषण सुननेवाले लोगों के लिए कितने महत्त्वपूर्ण हैं?

कितनी मजे की बात है कि हाल ही में आयोजित राजनीतिक रैलियों में लोगों ने जब भी तालियाँ बजाईं अथवा उत्साहवर्धक आवाजें निकालीं तो वे उन रैलियों में परोसे गए मनोरंजन के लिए थीं, जो किसी प्रसिद्ध फिल्मी सितारे की जिंदादिली को देखकर अथवा गाने से प्रसन्न होने पर बजाई गई थी।'' कुछ जगहों पर तो ऐसे व्यक्तियों द्वारा भी रैलियों को संबोधित किया जा रहा होता है, जो आपराधिक गतिविधियों में लिप्त होते हैं। उनके पास कहने को क्या होता है और वे किस जवाबदेही के साथ बोल रहे होते हैं?

यह कोई आश्चर्य की बात नहीं है कि इस देश में भरोसा एक ऐसा कारक बन गया है, जो सत्तारूढ़ पार्टी के खिलाफ काम करता है। भरोसे को परिभाषित करने का एक अन्य तरीका शासन व प्रदर्शन है। अत: जब यहाँ पर विश्वास-विरोधी मत होता है तो इसका अर्थ यह भी होता है कि प्रशासन के प्रदर्शन को जनता द्वारा नकारा जा रहा है, जो संपूर्ण रूप से विशेष लोकतंत्र है। लोगों को एक अच्छे प्रशासन की आवश्यकता है, जो

अपने कार्य में कुशल हो, अपनी सेवाओं का सुचारु रूप से निर्वहण करे, नागरिकों की समस्याओं का हल प्रस्तुत करे और भविष्य के स्पष्ट प्रारूप के साथ आंतरिक सुरक्षा प्रदान करे। आगे इच्छित भाषण को पेश करने का प्रयास किया गया है, जिसे लोग सुनना पसंद करेंगे और उसे व्यावहारिक तौर पर रूपांतरित होते हुए देखना चाहेंगे।

यह भाषण विजेता बननेवाले राजनेता के लिए है।

मेरे प्रिय नागरिको!

मैं आप सभी का आभारी हूँ कि आप लोगों ने मुझे (सभा अथवा संसद्) में उपस्थित होने के लिए अपने प्रतिनिधि के रूप में चुना। आप सभी को आश्वस्त करता हूँ कि मैं आपके विश्वास पर खरा उतरूँगा। मैं स्वयं को आपके भरोसे के योग्य सिद्ध करूँगा। मैं आपके समक्ष संपूर्ण संसदीय क्षेत्र का प्रतिनिधि बनकर खड़ा रहूँगा, न कि केवल उन लोगों के प्रतिनिधि के तौर पर उपस्थित रहूँगा, जिन्होंने मुझे वोट दिया है। अब मैं आप सभी का समान रूप से प्रतिनिधित्व करूँगा।

अब से मेरे संसदीय क्षेत्र की समस्याएँ व मुद्दे मेरी प्राथमिकता होंगे। हम विभिन्न स्तरों पर अपनी अनिवार्य आवश्यकताओं की पहचान करेंगे और उन पर काम करेंगे। उसके पश्चात् हम सामूहिक तौर पर क्षेत्रानुसार प्राथमिकताओं की घोषणाएँ करेंगे और उपलब्ध संसाधनों के साथ उनकी पूर्ति हेतु आगे बढ़ेंगे। मैं सार्वजनिक तौर पर यह घोषित करूँगा कि मैं अपने संसदीय क्षेत्र के लिए मिली धनराशि का प्रयोग किस प्रकार करूँगा, जिससे कि आप सभी इस बात के प्रति आश्वस्त हो सकें कि राशि का उपयोग ठीक प्रकार से हो रहा है।

हम सभी सामूहिक तौर पर इसके प्रति आश्वस्त होने के लिए कार्य करेंगे कि हम जो धनराशि खर्च कर रहे हैं, उसका निवेश ठीक स्थान पर हो रहा है और उससे हमें जितना अधिक हो सके, लाभ प्राप्त हो रहा है। हम पारदर्शिता व शासन-प्रणाली के सभी स्तरों, ग्रामीण व शहरी प्रशासन में लोगों की भागीदारी के प्रति आश्वस्त होने के लिए सर्वेक्षकों के स्थानीय समूहों का गठन करेंगे।

मेरे दोस्तो, हम मिलकर अपनी योजनाएँ बनाएँगे और उनको अपने

संसदीय क्षेत्र में इस प्रकार से कार्यान्वित करेंगे कि कोई भी बच्चा स्कूली शिक्षा से वंचित न रहे, कोई भी नवयुवक/युवती बिना पेशेवर प्रशिक्षण के न हो, कोई भी ट्यूबवेल अथवा उद्योग बिना बिजली के न हो। हम इस पर अपनी नजर रखेंगे कि कोई भी असुरक्षित महसूस न करे और कोई भी अपराध छुप न सके। हम स्वयं को इस प्रकार से व्यवस्थित करेंगे, जिससे कि अपराधों पर रोक लग सके। हम अपराधों में सुधार तथा अपराधियों के पुनरुत्थान के लिए काम करेंगे। सामूहिक तौर पर हम जल-संचयन और जल-प्रबंधन को सुनिश्चित करेंगे, जिससे कि हम अपनी आनेवाली पीढ़ियों को उससे कहीं अधिक लाभ दे सकें, जो हमें प्राप्त हुआ है।

साथ मिलकर हम अपने संसदीय क्षेत्र के सभी संस्थानों में उच्चतम उत्पादकता को सुनिश्चित करेंगे, जिससे कि हम और अधिक कमाई, और अधिक नियुक्तियाँ और राष्ट्रीय राजकोष में पहले से अधिक योगदान दें। हम अपनी जीवन प्रतिष्ठा को और अधिक बढ़ाने के लिए काम करेंगे, जिससे कि हमारे लोग समानता व समृद्धि के साथ जीएँ।

तो आपने देखा, हमारे पास करने के लिए कितना काम है। मुझे पूरा विश्वास है कि हम अपने उद्देश्य में अवश्य सफल होंगे। मैं आपको भरोसा दिला सकता हूँ कि आप लोगों को जिन भी कार्यों की अपेक्षा मुझसे है, उन सबको सबसे पहले पूरा करूँगा।

मैं उन दिनों को छोड़कर, जब राज्यसभा अथवा संसद् का सत्र चल रहा हो, विभिन्न क्षेत्रों का दौरा करूँगा, जिससे कि मैं आपके साथ जुड़ा रहूँ। मैं अपने दौरों के कार्यक्रम की घोषणा पहले से ही करूँगा, जिससे कि आपको इस बात का भलीभाँति ज्ञान हो कि मैं आपसे बातचीत करने के लिए उपलब्ध हूँ। जब मैं विभिन्न स्थानों का दौरा करूँगा तो जिला प्रशासन, जिसमें क्षेत्र अधीक्षक या डी.एस.पी. या एस.एच.ओ. अथवा उपायुक्त या एस.डी.एम. या एस.डी.ओ. और अन्य महत्त्वपूर्ण एजेंसियों के अधिकारीगण सम्मिलित हैं, के साथ बातचीत करूँगा, जिससे कि हम सामूहिक तौर पर यह देख सकें कि कहाँ पर क्या गलत हो रहा है और क्या सही तथा कौन से विषयों को प्राथमिकता देने की आवश्यकता है।

जब मैं आपको वह सभी कुछ दूँगा, जो कि मुझे आवश्यक तौर पर

देना चाहिए तो आपको भी अपने सभी कर्तव्यों का पालन करना चाहिए और एक जिम्मेदार व सहभागी नागरिक की भूमिका पूरी निष्ठा के साथ निभानी चाहिए। आपने मुझे एक सीमित अवधि के लिए चुना है और हमारे पास करने के लिए बहुत कुछ है। मैं यह नहीं जानता कि मैं अगले कार्यकाल के लिए इस पद पर आसीन रहूँगा अथवा नहीं, लेकिन यदि ऐसा होता है तो यह केवल तभी होगा जब हम अपने इस कार्यकाल में स्वयं के लिए तय किए गए लक्ष्यों को प्राप्त कर लेंगे।

अपनी बात समाप्त करने से पूर्व मैं अपनी व अपने निकटतम संबंधियों की सभी संपत्तियों की सार्वजनिक तौर पर घोषणा करता हूँ। आपके चयनित प्रतिनिधि के तौर पर अपनी जिम्मेदारियों को वहन करने से पूर्व मैं अपनी संपत्ति की घोषणा आपके लिए फिर से करूँगा, जिससे कि आपको यह पता चल पाए कि मैं किस प्रकार से जीवन जीता हूँ। आइए, हम वह करें, जो हमें अपने देश के लिए और आनेवाली पीढ़ियों के लिए करना चाहिए।

जब मैंने इस इच्छित भाषण को लिखा तो मेरे समक्ष दो ऐसे भाषण आए, जिनमें मुझे वर्तमान परिदृश्य में उम्मीद की एक किरण दिखाई दी। मुझे प्रोत्साहन मिला कि कम-से-कम इस दिशा में शुरुआत की जा चुकी है।

पहला भाषण पंजाब के नए मुख्यमंत्री कैप्टन अमरिंदर सिंह द्वारा दिया गया था, जिन्होंने कहा था, ''सरकार और प्रशासन पूरी तरह से पारदर्शी होगा और प्रेस को इसकी संपूर्ण तौर पर अनुमति दी जाएगी कि वे प्रशासन के कार्यकलापों के बारे जो कुछ जानकारी प्राप्त करना चाहते हैं, प्राप्त कर सकें।''

दूसरा भाषण मध्य प्रदेश के मुख्यमंत्री दिग्विजय सिंह द्वारा दिया गया था। उन्होंने कहा था कि ''भारत ने अत्यधिक शासन के कारण काफी कुछ झेला है। यही कारण है कि इस राज्य को अपनी कई पारंपरिक भूमिकाओं से पीछे हटना पड़ा है। मेरा मानना है कि प्रशासन को लोगों के द्वार तक ले जाना होगा।''

यदि ये शब्द वास्तविकता का जामा पहन लें तो वहाँ पर कोई भी विश्वास-विरोधी मत नहीं होगा, अपितु इसके बजाय अच्छे कामों को करने के लिए आम जनता की सहमति का जन-सैलाब होगा।

□

3

अँधेरे कल का लाभांश देश को डराता है

आज हम जिस हिंसा और भ्रष्टाचार का सामना कर रहे हैं, वह उसका ही परिणाम है, जिसका हम स्वतंत्रता-प्राप्ति के बाद से बीजारोपण करते आए हैं। इस देश में सुशासन को पिछले कई वर्षों से नकारा जा रहा है। इसका कारण भ्रष्टाचार और भ्रष्ट कार्यों का बोलबाला है।

बाकायदा देश के सभी महत्त्वपूर्ण संस्थानों का सभी स्तरों—राजनीतिक, नौकरशाह, पुलिस, व्यावसायिक और सेवा क्षेत्र के प्रभारियों द्वारा भी धीरे-धीरे समाप्त किया गया है। अब केवल एक ही चीज मायने रखती है—अपने व अपने परिवार के लिए लाभ कमाना। देश का स्थान सबसे अंत में आता है। बहुत से मामलों में तो लोग यह देश छोड़कर बाहर के देशों में इसलिए चले जाते हैं, क्योंकि उन्हें यहाँ पर अपना कोई भविष्य नजर नहीं आता। आप चाहे इसे सहन कर पाएँ या नहीं, यही सच है।

हमारे देश के नैतिक चरित्र को मजबूत करने के बावजूद स्वतंत्रता-प्राप्ति के लिए लड़ी गई काफी लंबी व संघर्षपूर्ण लड़ाई, जिसमें अनगिनत भारतीयों ने हमारे भविष्य के लिए अपने वर्तमान का बलिदान दिया, के बाद भी हम प्रत्येक कदम पर अपने व्यक्तिगत लाभ के लिए समझौता करते हैं। परिस्थितियाँ इस सीमा तक खराब हो चुकी हैं कि हम सार्वजनिक जीवन में किसी एक व्यक्ति की तलाश को भी अत्यंत कठिन पाते हैं, जिस पर हम, आम जनता, पूरी तरह से भरोसा कर सकें। यदि हमें कोई ऐसा व्यक्ति मिल भी जाता है तो हम उसे नीचा दिखाने में आनंद महसूस करने लगते हैं। मनीष तिवारी की उस क्षमा-याचना को याद करें, जो

उन्होंने अन्ना हजारे को सिर से लेकर पैर तक भ्रष्ट कहने के लिए की थी।

कौन लोग हैं, जो इसमें गिरावट कर सकते हैं—माता-पिता, अध्यापक गण, धार्मिक व आध्यात्मिक गुरु, राजनीतिक नेता अथवा मीडिया? कौन हमें सबसे अधिक प्रभावित करता है?

इस बारे में मेरे व्यक्तिगत विचार यह हैं कि वह राजनीतिक नेता हैं। यह वर्ग, कुछ माननीय व्यक्तियों को छोड़कर, ही इस गिरावट का कारण है। बीतते समय के साथ ये लोग और अधिक लालची होते गए। वे किसी भी प्रकार से सत्ता पर अपनी पकड़ को बनाए रखने के लिए प्रयत्नशील इसकी परवाह किए बिना रहने लगे कि इसका दीर्घकाल में देश और समाज पर क्या प्रभाव पड़ेगा।

स्वतंत्रता-प्राप्ति के बाद से उन्होंने पुलिस का किस प्रकार से उपयोग किया है, उस पर एक नजर डालें। उन्होंने इनको स्वयं अपने पैरों पर खड़े होने की अनुमति नहीं दी। उन्होंने इसका प्रयोग अपने राजनीतिक कार्यक्रमों के लिए करना जारी रखा। उन्होंने नेतृत्व को विकसित नहीं होने दिया। जब कभी कोई भी व्यक्ति यहाँ पर अपनी स्वतंत्र सोच के साथ आया, उसे दरकिनार कर दिया गया। मैं स्वयं इसका कई बार शिकार बनी। क्या सभ्य समाज इस बारे में कुछ कर सकता है? अधिकारियों का कार्यकाल के दौरान कितनी बार स्थानांतरण किया जाता है, उस संख्या पर नजर डालें। अधिकारियों को अपने स्थानांतरण, पदोन्नति या अपने बच्चों की स्कूली शिक्षा अथवा अपने साथी की नौकरी को सुरक्षित करने के लिए वास्तविक तौर पर घुटनों के बल झुकना पड़ता है।

लाखों से भी अधिक की संख्या में पुलिस विभाग के सिपाही स्वयं को बचाने के लिए जनता को छोड़कर चले गए। वे शायद ही अपने नेता को पहचानते हों। वरिष्ठ अधिकारी कभी-कभार ही उन तक पहुँच पाते हैं। कनिष्ठ अधिकारियों की नहीं सुनी जाती। उन्हें स्थानीय गुंडों या जो केंद्र की सत्ता से निकटता का दावा करते हैं, के भरोसे छोड़ दिया जाता है।

पुलिस विभाग को चलाने का क्या यही तरीका होता है, जहाँ पर बड़ी संख्या में कर्मचारी अपने घर, बच्चों के स्कूल और अतिरिक्त आय, अपने दो घरों—एक अपने जन्म-स्थान और एक अपने पोस्टिंगवाले स्थान

का खर्चा चलाने के लिए दूर रहते हैं? चूँकि उन्हें वी.आई.पी. लोगों और उनकी सार्वजनिक सभाओं, जो कि पूरी तरह पाखंड और कभी न पूरे किए जानेवाले आश्वासनों से भरी होती हैं, जिनमें वे भोले-भाले लोगों का पूरा-पूरा फायदा उठा रहे होते हैं, में सुरक्षा के बंदोबस्त को बनाए रखने के लिए हमेशा उपस्थित होना पड़ता है, इसलिए उन्हें कभी-कभार ही छुट्टी नसीब होती है।

अब और नहीं। लोग अब विद्रोह का मन बना चुके हैं। वे ऐसी झूठी सरकार के खिलाफ बोलने के लिए खुलकर सड़कों पर आ चुके हैं। उन्होंने एक साथ एकजुट होकर अपनी आवाज को पा लिया है। उन्होंने एक बार फिर अहिंसा में निहित शक्ति को पहचाना है। इसका सारा श्रेय अन्ना हजारे जी को जाता है।

इस देश को फिर से उत्कृष्टता और अखंडता की ओर लौटना होगा। नेताओं को आवश्यक तौर पर मुक्त वक्तव्यों व खुले तौर पर की जानेवाली चर्चाओं को प्रोत्साहन देना होगा। उन्हें लोगों को सुनना होगा। उन्हें अपनी शासन-प्रणाली को संयुक्त करना होगा। उन्हें नेतृत्व को विकसित होने का अवसर देना होगा। उन्हें पुलिस को स्वतंत्रता देनी होगी और उनकी जवाबदेही को बढ़ाना होगा। उन्हें नौकरशाही को प्रदर्शन करने या समाप्त हो जाने के लिए बनाना होगा।

नेताओं को दफ्तरशाही वर्ग को स्वतंत्र रूप से एवं ईमानदारी से सलाह देने और नीतिगत फैसलों को लेने की आजादी देनी होगी, जिसके लिए वे पूरी जिम्मेदारी भी लें। अफसरों को वह करने के लिए प्रोत्साहित करना होगा, जिसे वे सही समझते हैं; लेकिन नेताओं के पास उनके कार्यों को नामंजूर करने का अधिकार होगा। लेकिन मंत्री द्वारा नामंजूरी अपने जोखिम पर दी जाए, न कि अधिकारी के। वे, मंत्री, कर्मचारी को अपनी चाहत की सिफारिश करने के लिए मजबूर न करें। और कर्मचारी वर्ग में मंत्री को न कहने का साहस हो।

शासन-प्रणाली में लोगों के विश्वास को पुनर्जीवित करना होगा। इसके लिए अखंडता और ईमानदारी की आवश्यकता होगी। भ्रष्टाचार-विरोधी बिल, जो अब संसद् के समक्ष है, को मिले पूर्ण समर्थन ने लोगों

के दृढ़ संकल्प व निश्चय को दिखा दिया है। एक बार जब लोकपाल काम करना आरंभ कर देगा और भी कई घोटाले जनता के समक्ष आएँगे और राजनेताओं एवं दफ्तरशाहों को लज्जित करेंगे।

अतीत को पुनः नहीं लिखा जा सकता। उसे टीस को बरदाश्त करना होगा। लेकिन उससे सबक सीखा जा सकता है—आप प्रकृति के नियम को नहीं बदल सकते। आप वही काटेंगे, जो आप बोएँगे। इस देश ने हिंसा, भ्रष्टाचार, भेदभाव और पाखंड को बोया है। अब वह उसी के परिणामों को वापस पा रहा है।

जिस दिन से हम ईमानदारी को बोना आरंभ कर देंगे, हम विश्वास की फसल को काटना आरंभ कर देंगे।

□

4

जनता के सेवक और उनके उत्तरदायित्व

मैंने भारतीय पुलिस सेवा में 35 वर्षों का समय नहीं गुजारा होता, यदि दिल्ली पुलिस द्वारा सन् 1977 में पुलिस कमिश्नर प्रणाली की शुरुआत नहीं की गई होती। इसका कारण यह था कि मैंने भारतीय प्रशासनिक सेवा अथवा राज्य प्रशासनिक सेवा से सीधे तौर पर भरती किए गए, जो इस क्षेत्र में अपनी पोस्टिंग पहली बार कर रहे थे, में कुछ नौसिखिए लोगों द्वारा अनुचित तौर पर किए गए दखल तथा निरे अनाड़ी व्यवहार का अनुभव किया। यह कानून व व्यवस्था बनाए रखने, अपराध नियंत्रण, कुछ विनियमनों को जारी करने, प्रशासनिक नीति निर्माण पर नियंत्रण के साथ-साथ बजट नियंत्रण के क्षेत्र पर नजर रखते हैं। मेरे विचार से, यह घुसपैठिया ढंग से अतिव्यापन करना था। इसे किसी प्रकार से भी रचनात्मक अथवा सहयोगात्मक जिम्मेदारी नहीं माना जा सकता।

नई दिल्ली, जहाँ पर प्रदर्शनों का दौर प्रतिदिन के हिसाब से चलता था, के प्रभारी के तौर पर मुझे ऐसे बहुत से प्रदर्शन याद हैं। हम जिला पुलिस प्रमुख के तौर पर युवा (नौसिखिए) एस.डी.एम. के आने तथा हमें भीड़ को तितर-बितर करने के लिए पूर्व अनुमोदन पर हस्ताक्षर करने का इंतजार करते थे। निस्संदेह ही, हमारे बीच यह सहमति भी होती थी कि यदि परिस्थितियाँ गंभीर हों तो हम उस स्वीकृति की प्रतीक्षा नहीं करेंगे। लेकिन सच्चाई तो यह थी कि बहुत बार ऐसा हुआ कि उन्हें इस पूर्व

निर्धारित औपचारिकता को पूरा करने मात्र के लिए जाता। जितनी बार भी उन्होंने ऐसा किया, प्रत्येक बार ऐसा प्रतीत हुआ जैसे वे पुलिस विभाग पर अहसान कर रहे हों। ऐसा केवल इसलिए था, क्योंकि हमारे द्वारा उठाया गया कदम पुलिस अधिनियम की धारा 1861 के तहत कानून के उल्लंघन को मानते हुए दोषी ठहराया जा सकता था।

हमारी पुलिस के लिए इतना किया गया था कि वर्ष 2009 तक 1861 के अधिनियम के तहत ही हमें शासित किया जा रहा था। हालाँकि इस भारी लापरवाही के लिए संविधान को दोष दिया जा सकता है। अब भी बड़ी समस्या प्रशासनिक सेवा से बाबूगीरी की है, जो अनुसरण करने व कानून बनानेवालों द्वारा उपयुक्त कानूनों को जारी करवाने में असफल रहे हैं। सत्य तो यह है कि भारतीय पुलिस की व्यवस्था अब भी 1861 के अधिनियम के आधार पर होती है, जो स्पष्ट तौर पर कानून का निर्माण करनेवालों से अधिक नौकरशाही प्रणाली की असफलता का द्योतक है।

व्यक्तिगत तौर पर मेरे लिए कई स्तरों पर अपराध नियंत्रण और कानून व व्यवस्था प्रबंधन—एक साथ दोनों कार्य बहुत दमघोंटू होते हैं। मैंने महसूस किया कि बहुत बड़े पैमाने पर प्रशिक्षित होने तथा पेशेवर शिक्षा-प्राप्ति के समय निर्माणात्मक वर्षों तक पेशेवर रूप से तैयार होने की प्रक्रिया के बावजूद अधिकारियों पर पूर्ण विश्वास नहीं किया जाता। अपितु हमें अधिक-से-अधिक जवाबदेही के लिए तैयार किया जाता है और पुलिसिया मुद्दों पर न्यूनतम प्रशिक्षण प्राप्त किए हुए यह दूसरों का आकलन करनेवालों को खुशमिजाज होना होगा, जिससे कि वे हमें हमारा कभी न समाप्त होनेवाला काम करने दें। आज यह प्रत्येक जिले की पुलिस के राज्य का मामला बन गया है और जहाँ पर पुलिस कमिश्नर प्रणाली नहीं होती है, वहाँ पर हालात और भी खराब होते हैं।

इस परिवर्तन में कौन है, जो रोड़ा बना हुआ है? वहीं दूसरों को आँकनेवाला और कौन हो सकता है? आज देश में कुछ ही ऐसे शहर हैं, जहाँ पर कमिश्नर प्रणाली को लागू किया गया है। इस प्रणाली को अस्वीकार करने का अर्थ है— पुलिस अफसरों को उनके कर्तव्यों व अधिकारों से वंचित रखना, उनके उत्तरदायित्व को विकसित होने से रोकना और उन्हें

लालफीताशाही पर निर्भर बनाए रखना। त्रासदी तो यह है कि पुलिस सेवा को उन साहसी, आत्मनिर्भर और आत्मविश्वासी नेतृत्व से दूर रखा जाता है, नियंत्रकों को अपने स्थान पर रखते हैं और नेतृत्व की कमान सँभालनेवालों को अपनी सर्वप्रथम जिम्मेदारी—विकास, पर अपना पूरा ध्यान केंद्रित करने की स्वतंत्रता प्रदान करते हैं।

पुलिस कमिश्नर प्रणाली मेरे जैसे युवा अफसरों को और अधिक उत्तरदायित्व व जिम्मेदारी प्रदान करती है। वहाँ पर किसी औपचारिक लिखित स्वीकृति की प्रतीक्षा किए बिना गैर-कानूनी कार्यों से निपटने की सामर्थ्यवान् शक्ति व जिम्मेदारी होती है और इसके साथ अन्य कई शक्तियाँ भी होती हैं। वहाँ पर किसी पर दोषारोपण करने को कोई गुंजाइश नहीं होती।

अपराधों की रोकथाम में पुलिस कमिश्नर प्रणाली सबसे अधिक प्रभावशाली थी। जिन कामों को केवल परांकन करनेवाले अथवा नियंत्रकों के द्वारा किया जा सकता था, इस प्रणाली के अंतर्गत उन कामों को शीघ्रता व समर्पण के भाव के साथ किया जाता था। इसके कुछ उदाहरण इस प्रकार हैं—अपने कार्यक्षेत्र में खराब चरित्र का प्रदर्शन करनेवालों के खिलाफ कारवाई की प्रक्रिया, दो समूहों के बीच हुए टकराव की स्थिति में शांति बहाली करना, जमीन विवाद के कारण भूमि से जुड़े मामलों में शांति भंग करने के लिए की गई गिरफ्तारी, यातायात विनियमनों को लागू करने अथवा कानून व व्यवस्था के अन्य नियम; जैसे किराएदारों का सत्यापन और हथियार एवं गोला-बारूद रखना आदि।

इन सभी एवं इसके अतिरिक्त और भी मामले गृह विभाग के अंतर्गत आते हैं, जिनका संचालन उन पुलिस जिलों में, जहाँ पर पुलिस कमिश्नर प्रणाली नहीं होती, आई.ए.एस. अधिकारी द्वारा किया जाता है। इस अधिकार-क्षेत्र को प्रशासनिक सेवा को देने की आवश्यकता कहाँ है? यदि दिल्ली, पुणे, मुंबई, अहमदाबाद, गुड़गाँव और कुछ अन्य शहरों में इसका अधिकार-क्षेत्र पुलिस को दिया जा सकता है तो फिर लखनऊ, पटना, गुवाहाटी, जयपुर, भोपाल, अमृतसर और उन सभी शहरों में, जहाँ की बड़ी जनसंख्या की सिफारिश अनेक कमीशनों द्वारा की गई है, तो पुलिस को वह अधिकार क्यों

नहीं दिया जा सकता? (वह सभी गृह विभाग, जिनका संचालन नौकरशाही द्वारा किया जाता है, के कार्यालयों में पड़े धूल खा रहे हैं।)

ऐसा इसलिए है, क्योंकि शीर्षस्थ आई.ए.एस. अधिकारी न तो परिवर्तन का खुलकर समर्थन करते हैं और न ही प्रणाली तंत्र को यह इजाजत देते हैं कि उनका नियंत्रण पुलिस के पास जाए।

अत: जब पुलिस असफल होती है, किसका जाता है? क्या कभी किसी ने यह देखा या कभी सुना? इस स्थिति में गृह सचिव का प्रस्थान हुआ? वह कौन हैं? क्या कभी आम आदमी उन्हें देख पाते हैं?

ऐसा कहा जाता है कि प्रशासनिक सेवक बहुत ही पतली परत के पीछे छुपा होता है।

इस विषय पर मेरे समूह के एक अफसर ने अपने विचार मेरे साथ बाँटे, जो इस प्रकार थे—

• भारतीय राजनीति व प्रशासनिक क्षेत्र में प्रशासनिक सेवक को वही कार्य सौंपा जाता है, जो कि यूरोपीय व्हाइट मैन की जिम्मेदारियाँ होती हैं। उसका कार्य इस पर निगरानी रखना होता है कि प्रत्येक कर्मचारी अपने उत्तरदायित्वों का निर्वाह पूरी गंभीरता के साथ करे। इस जिम्मेदारी को पूरा करने में उनका इतना अधिक समय व ऊर्जा लग जाती है कि उनके पास अपना स्वयं का काम करने के लिए समय भी नहीं मिलता। यह किसी भी जिला मजिस्ट्रेट की मीटिंग में आसानी से देखा जा सकता है, जहाँ पर उनके पास व्याख्यान करने के लिए एवं प्रत्येक व्यक्ति को निर्देश देने के लिए इतना कुछ होता है कि अंतत: उनके पास करने के लिए कुछ नहीं बचता। इसे ही आप 'दोनों जहाँ में सर्वश्रेष्ठ' कहते हैं।

यहाँ पर एक अन्य समूह का भी वक्तव्य है। इनकी पहचान को गुप्त रखा गया है।

पिछले सप्ताह मेजर जनरल ने मुझे बुलाया। वे हमारे डिग्री कोर्स के दिनों में बहुत ही सम्मानित प्रशिक्षक थे और कई अफसर उनको हमारे सर्वश्रेष्ठ प्राध्यापक के तौर पर याद करते हैं। वास्तव में, उन्होंने अपना अधिकतर समय मेरे साथ व्यतीत किया। उन्होंने सन् 1962 में हुए युद्ध में मिली पराजय के समय पूरी घटना का विश्लेषण पूरे क्रमबद्ध तौर पर किया और उनके

अध्ययन ने निम्न बातों का खुलासा किया—

- पं. नेहरू, जिन्हें आधुनिक भारत का निर्माता माना जाता है, अवसाद के बहुत ही गंभीर सदमे में थे, जिससे वे कभी नहीं उबर सके। उनकी मौत मई 1964 में अपेक्षाकृत कम 73 वर्ष की उम्र में हुई।
- स्थितियों का सही-सही आकलन न करने के कारण वी.के. कृष्णा मेनन को रक्षा मंत्री के पद से हटा दिया गया।
- जनरल थापर, थलसेनाध्यक्ष, को बरखास्त कर दिया गया। लेफ्टिनेंट जनरल कौल और अन्य अनेक सैनिक अधिकारियों ने अपना मार्ग बदल दिया।
- कुछ हजार सैनिक मारे गए, बड़ी संख्या में सैनिक घायल हुए और कुछ सैनिकों को जेल में भी बंद किया गया।
- देश के मन पर इसका बहुत गहरा झटका लगा। इस हानि को राष्ट्रीय शर्म के तौर पर देखा गया।

उन्होंने मुझसे यह प्रश्न पूछा, ''उस समय रक्षा सचिव कौन था? उसके लिए क्या दंड निर्धारित किया गया?''

मैंने इस प्रश्न का उत्तर अपने बहुत सारे मित्रों से पूछा और इंटरनेट पर भी इसकी तलाश की, लेकिन मैं इसका उत्तर तलाशने में नाकामयाब रही। सभी संभावनाओं के बीच उनके साथ कुछ भी नहीं किया गया, क्योंकि इन सब में उनकी कोई भूमिका नहीं थी।

मेजर जनरल ने इसके पश्चात् अपनी चर्चा को एक कदम और आगे बढ़ाया। उन्होंने हाल ही में मुंबई पर हुए आतंकी हमले के दौरान देखा कि दर्जनों सैनिक व पुलिसवाले मारे गए। पूरा देश इस घटना से हिल गया। तत्कालीन गृहमंत्री शिवराज पाटिल को अपना सम्मानित पद खोना पड़ा। महाराष्ट्र के मुख्यमंत्री को हटा दिया गया और सरकार में कई प्रमुखों के पद जाने की संभावना बनी रही।

क्या कोई मुझे यह बता सकता है कि पूर्व अथवा वर्तमान केंद्रीय व गृह सचिव अथवा महाराष्ट्र के प्रमुख सचिव के खिलाफ क्या कार्रवाई की गई? (मुझे कहा गया कि उनको शीघ्र ही कार्य-प्रणाली के तौर पर पदोन्नति अथवा कहीं और नियुक्त किया जाएगा, हालाँकि उनको यह नहीं पता था

कि ऐसा क्यों है।) साउथ ब्लॉक में व उसके आस-पास काफी वर्ष बिताने के कारण मैं यह देखकर अचंभित रहती थी कि हमारी सरकार की संरचना किस प्रकार की गई है। प्रशासनिक सेवक शासन करते हैं। पदोन्नति व सामाजिक स्तर के मामले में अन्य सभी लोगों को मीलों पीछे छोड़ देते हैं। वे सदैव वेतन आयोग के ध्यान का केंद्र होते हैं और सभी प्रमुख निर्णय प्रक्रिया में कैबिनेट सचिव भी सम्मिलित होते हैं। फिर भी, जब कुछ गलत होता है, वे अपना पल्ला इतनी सफाई के साथ झाड़ लेते हैं कि प्रत्येक व्यक्ति को उनकी इस सफाई पर आश्चर्य हो कि उन्होंने यह किस प्रकार किया!

काफी नजदीक से किए गए एक परीक्षण में इसका खुलासा हुआ। मैंने इसे इस प्रकार से प्रारूपित किया—

- वे कभी स्वयं कुछ नहीं करते। वे हमेशा किसी और को प्रमुख बनाने के लिए तलाशते हैं और वे भली-भाँति जानते हैं कि किस प्रकार स्वयं को 'प्रमुख' बनने से दूर रखें। (वेतन आयोग में उन्हें सेवानिवृत्त न्यायाधीश माना जाता है।) हालाँकि वे स्वयं को ऐसी स्थिति में रखते हैं कि उनके पास मामलों को प्रभावित करने के अधिक-से-अधिक अवसर उपलब्ध हों।
- घटना के घट जाने के बाद वे कभी प्रेस अथवा मीडिया का सामना नहीं करते। उनकी भूमिका अव्यवस्थित होती है।
- उनमें से जो वरिष्ठ अधिकारी होते हैं, वे कदाचित् ही किसी पत्र अथवा आदेश पर हस्ताक्षर करते हैं। हमारे पेंशन पत्र पर निदेशक के हस्ताक्षर होते हैं, जो सीधे तौर पर नियुक्त किया गया आई.ए.स. अफसर नहीं होता। आप कदाचित् ही कोई ऐसा दस्तावेज पाएँगे, जिस पर संयुक्त सचिव के हस्ताक्षर किए गए हों। उनके ऊपरी पद पर आसीन अफसर कभी किसी दस्तावेज पर हस्ताक्षर नहीं करते।

उसका बहुत ही मजबूत संघ होता है। वह अपने सदस्यों के हितों की रक्षा कर्तव्य-निष्ठा व कर्मठता के साथ करता है।

अतः हमारे पास अपना रक्षा मुख्यालय होता है, जिसमें सभी वरिष्ठ

अधिकारियों की तैनाती, पदोन्नति, पुरस्कार और सजा का नियंत्रण प्रशासनिक सेवकों के हाथों में होता है और उनके पास हथियारों व उपकरणों की खरीद की प्रक्रिया में अंतिम हामी भरने का अधिकार होता है; लेकिन यदि कुछ गलत होता है तो वे उसके लिए जिम्मेदार नहीं होते! यह बिना किसी जिम्मेदारी के दिया गया अधिकार होता है। उनके लिए जिन्हें ज्ञात नहीं है, रक्षा मंत्रालय में कनिष्ठ कर्मचारी तैनात सेवाओं का उप-प्रमुख हो सकता है, लेकिन एक सेवा प्रमुख एक डेस्क अधिकारी को प्राप्त जिम्मेदारी के बराबर जिम्मेदारी का भी निर्वाह नहीं कर सकता।

जब मेजर जनरल चले गए, मैंने स्वयं को किंकर्तव्यविमूढ़ पाया। हमने किस प्रकार के तंत्र को विकसित किया है? और इतने वर्षों तक हमने इस व्यवस्था में किस प्रकार अपना जीवन व्यतीत किया है? यह कुछ हद तक उसी यूनिट की तरह है, जिसमें क्लर्कों द्वारा यूनिट का संचालन किया जा रहा है और कमांडिंग अफसर हेड क्लर्क पर इस हद तक निर्भर है कि वह उसकी सहायता के बिना हिल भी नहीं सकता।

क्या कोई जनरल द्वारा उठाए गए प्रश्नों का अकाट्य उत्तर दे सकता है?

पी.एस. (हमारी टीम के एक अन्य सदस्य द्वारा दिया गया उत्तर)

राजनेता उन लोगों की पोशाक को धारण करते हैं, जिनका वे प्रतिनिधित्व करते हैं, जिससे कि वे जनता के साथ स्वयं को जोड़कर अपनी पहचान बना सकें। सैनिक और पुलिसवाले वरदी पहनते हैं। क्या कोई हमें यह बता सकता है कि प्रशासनिक अधिकारी कौन सी पोशाक धारण करते हैं? इसका जवाब एक मसखरे की ओर से आया, जिसने कहा, "प्रशासनिक सेवक (अपवाद को छोड़कर) बहुत पतली परत को पहनते हैं।"

लाख टके का प्रश्न यह है कि उनकी इस परत के पतलेपन को कौन निर्धारित करता है?

और कौन, बल्कि ईमानदार और साफ छविवाले पेशेवर राजनेता, जिनकी उपस्थिति बहुत कम है, परंतु वे यहाँ पर मौजूद अवश्य हैं।

□

5

आम आदमी की एक जैसी लड़ाई

खराब शासन के बढ़ते मामलों और जनता के प्रशासन में कम होते विश्वास के साथ क्या हम इस निराशाजनक स्थिति को बदलने के लिए कुछ कर सकते हैं? क्या हम एक अच्छे नागरिक के तौर पर जनता के विश्वास को फिर से बहाल करने के लिए कुछ विशेष उपाय कर सकते हैं? यदि ऐसा कर सकते हैं तो हम इसकी शुरुआत कहाँ से कर सकते हैं? इसका नेतृत्व कौन सँभालेगा? क्या सभी प्रकार की पहल केवल शीर्षस्थों द्वारा ही की जाती है?

जब से आम जनता के विभिन्न समूहों द्वारा देश भर में भ्रष्टाचार-विरोधी रैलियों की पहल की है, एक प्रश्न बार-बार उठता रहता है—दिन-प्रतिदिन के जीवन में लोगों द्वारा जिस भ्रष्टाचार का सामना किया जाता है, उसका क्या? विभिन्न प्रकार के छोटे-छोटे भ्रष्टाचारों के द्वारा रोज-रोज की यातनाएँ, जो आम आदमी को उसकी आधारभूत आवश्यकताओं, जैसे—राशन, ड्राइविंग लाइसेंस, पुलिस की प्रतिक्रिया इत्यादि को पूरा करते हुए भी झेलनी पड़ती है। लोगों को विभिन्न विभागों जैसे—नगरपालिका, फैक्टरी के मजदूर, स्वास्थ्य, खाद्य या सुरक्षा के इंस्पेक्टर की माँगों के कारण भी उत्पीड़न झेलना पड़ता है।

जब हम सरकार की बात करते हैं तो क्या एक आम इनसान संबंध केवल शीर्षस्थ सार्वजनिक अधिकारियों से ही जोड़ता है अथवा वह इसमें नीचे के पदों पर आसीन कर्मचारियों को भी सम्मिलित करता है? यदि इसका उत्तर यह है कि इसमें समस्त श्रेणी और फाइल शामिल होती हैं, तो

फिर इसके लिए केवल शीर्षस्थ लोगों को दोषी ठहराने का अर्थ यह होगा कि नीचे के पदों पर आसीन कर्मचारी बड़ी सावधानी के साथ अपनी जिम्मेदारी से पल्ला झाड़ लेते हैं।

आगे इसका तात्पर्य यह भी निकलता है कि अधिकारी को अपना कर्तव्य को पूरा करने के लिए अपने वरिष्ठ अधिकारियों का निर्देश मिलने की प्रतीक्षा नहीं करनी होती, बल्कि उसे यह काम सहजता के साथ बिना किसी डर अथवा पक्षपात के करना होता है। इसका अर्थ प्रत्येक स्तर पर, फिर चाहे वह उच्चतम या रेखीय कार्यात्मक हो, व्यक्तिगत जिम्मेदारी सर्वोपरि भी होती है।

इसे समझने की आवश्यकता है। सरकारी सेवा में लगा हुआ प्रत्येक अधिकारी सेवा करने और जिस पद पर वह आसीन है, उस पद के लिए नियुक्त भूमिका व उत्तरदायित्वों को पूरा करने के लिए बाध्य होता है। अतः जब हम यह कहते हैं कि हमें सरकार अथवा किसी विशेष विभाग पर भरोसा नहीं है तो पूरे तंत्र, जिसमें ऊपर से नीचे तक के सभी रैंक व फाइल शामिल होते हैं, के खिलाफ विश्वास न करने का मत दे रहे होते हैं।

अतः एक आम आदमी का उस आम सरकारी अधिकारी के हाथों हुए उत्पीड़न की शिकायत का क्या अर्थ है, जो किसी अन्य स्थानों पर स्वयं भी एक आम आदमी की भूमिका में होता है? क्यों शिकायती आम सरकारी अधिकारी गरीब आम आदमी को उसकी आधारभूत आवश्यकताओं व अधिकारों से वंचित करता है? छोटी मछली क्यों दूसरी छोटी मछली को ही अपना शिकार बना लेती है? ऐसा क्या है, जो उनको सम्मोहित करता है? क्या वे, जैसा कि कुछ दावे किए जाते हैं, वे लोग दास होते हैं, उनके पास बेईमानी के आदेश का पालन करने के अतिरिक्त अन्य कोई विकल्प नहीं होता? क्या उनकी पदोन्नति व नौकरी का उस राशि से कोई संबंध होता है, जिसकी उगाही वे आम आदमी से करते हैं? इन सब बातों से ऊपर आम आदमी क्यों उनकी माँग को पूरा करता है?

इस समय यह आवश्यक है कि आम आदमी एकजुट होकर सामने आएँ और आम सरकारी अधिकारी का भ्रष्टाचार के मुद्दे पर सामना आम

आदमी सेवा केंद्रों के निर्माण के द्वारा करें। स्वयंसेवकों के इन समूहों, जिसमें महिलाएँ, युवा या पड़ोसी सम्मिलित हैं, भ्रष्टाचार के खिलाफ आवाज बुलंद कर सकते हैं। अपने इस लक्ष्य की पूर्ति के बल्कि एक हाथ की पाँच उँगलियाँ भी काफी हैं। जब ये पाँचों उँगलियाँ आपस में मिल जाती हैं तो मुट्ठी बन जाती है।

हालाँकि हमें आवश्यक तौर पर भ्रष्टाचार का मुकाबला शीर्षस्थ स्थानों पर करना होगा, लेकिन हमें इसके साथ निचले स्तर पर भी लड़ना होगा, जहाँ पर यह आम आदमी को सबसे अधिक प्रभावित करता है। अब समय आ गया है कि हम भ्रष्टाचार के खिलाफ अपनी आवाज को किसी भी स्थान और किसी भी परिमाण, फिर चाहे वह निचली श्रेणी के अधिकारी द्वारा किया गया हो या शीर्षस्थ अधिकारी द्वारा, बुलंद करें।

इसलिए, एक जैसी सोच रखनेवाले लोगों को एक साथ मिलकर सामने आने की आवश्यकता है। लोगों को एक समान समूहों का निर्माण करना होगा और उन रिश्वतखोरों को इस बारे में बोलने से भी डरना होगा। हम प्रवर्तन मशीनरी के सर्वप्रथम बदलने की प्रतीक्षा नहीं कर सकते। हम इस देश के आम नागरिकों को इसे अपनी स्वयं की नैतिकता का बल, एकता और समरूपता के बल पर चुनौती देनी होगी।

वर्तमान पीढ़ी भ्रष्टाचार रूपी बीमारी से संक्रमित हो चुकी है। हमें अपनी आनेवाली पीढ़ी को इस बीमारी की चपेट में आने से बचाना होगा, अन्यथा पूरा देश इन दीमक व गिद्धों का निवाला बन जाएगा।

इस देश के नागरिक के तौर पर हमें गैर-राजनीतिक तौर पर एकत्र होना होगा। हमें अपने व्यक्तिगत मतभेदों से ऊपर उठना होगा और भ्रष्ट अधिकारियों, चाहे वह कोई वरिष्ठ अधिकारी हो या निचले स्तर का अधिकारी, का शिकार बनने से स्वयं को रोकना होगा। हमें आवाज उठानी होगी और सबको जाग्रत् करना होगा। हमें भ्रष्ट अधिकारियों के अंदर सामाजिक तौर पर शर्मिंदा होने का डर बैठाना होगा।

देश को यह जानने की आवश्यकता है कि क्यों केंद्र में इस पर एक ठोस कानून, जिसे लोकपाल बिल का नाम दिया गया है, बनाए जाने की आवश्यकता है। ऐसा इसलिए, क्योंकि वर्तमान में ऐसा कोई नहीं है, जो

शीर्षस्थ स्तर के भ्रष्टाचारियों को पकड़ सके। इसलिए करोड़ों की धनराशि कहाँ गुम हुई, किसी को नहीं पता। एक बार जब इस दिशा में एक प्रभावशाली कानून बन जाएगा, बड़ी संख्या में धन राशि को बचाया जा सकेगा और देश के विकास में उसका उपयोग किया जा सकेगा।

सामाजिक समूह, जो नागरिक सेवा केंद्र या आम आदमी सेवा केंद्रों के तौर पर काम कर रहे हैं, बीच में हस्तक्षेप कर सकते हैं और इन भिखारियों द्वारा की गई माँग के खिलाफ जवाब देते हुए बिगुल बजा सकते हैं। सार्वजनिक प्रतिशोध के अभाव के कारण इन भ्रष्ट अधिकारियों को न तो पकड़े जाने का डर होता है, न ही प्रतिरोधक दंड पाए जाने का भय होता है। हमें सरकारी सेवाओं में नियुक्त इन भिखारियों में इनके पद की परवाह के बगैर बेनकाब होने के जोखिम का डर बैठाना होगा। कोई भी व्यक्ति यदि सेवा हेतु किसी पद पर आसीन होते हुए रिश्वत की माँग करता है तो वह एक भिखारी से भी तुच्छ है और उसे यही संज्ञा दी जानी चाहिए और उसे इस अपराध के लिए उपयुक्त सजा भी दी जानी चाहिए।

□

6

भ्रष्टाचार रूपी कैंसर पर कड़ी निगरानी

हाल ही में हुए घोटालों की कहानियाँ और कुछ नहीं, मात्र राष्ट्रीय स्तर पर डाला गया डाका है और जिनकी राशि 2 लाख करोड़ से भी अधिक है। यह संपूर्ण राष्ट्र के लिए शर्मनाक है।

इस डाके के स्रोत 2जी स्पेक्ट्रम घोटाला, कॉमनवेल्थ खेलों में हुआ घोटाला, मुंबई का आदर्श हाउसिंग घोटाला और कर्नाटक में हुआ भूमि घोटाला है।

2जी स्पेक्ट्रम घोटाले में जो लूट हुई, उसकी राशि उस राशि की लगभग दोगुनी थी, जो भारतीय लोगों को खाद्य सुरक्षा देने या एन.आई.ई.पी.ए. द्वारा अनुमानित अगले पाँच वर्षों तक सबकी शिक्षा पर होनेवाले व्यय के बराबर थी अथवा इस वर्ष स्वास्थ्य बजट के लिए निर्धारित 22,300 करोड़ रुपए की राशि का आठ गुना थी।

भारत में भ्रष्टाचार से लड़ना दूसरा स्वतंत्रता युद्ध लड़ने के समान है। यह समस्या उतनी ही गंभीर है। इसके लिए भी निस्स्वार्थ महात्मा गांधी की आवश्यकता है, जिनका समर्थन जोश से भरपूर योद्धाओं द्वारा किया जाए। इस क्रांति के लिए सभी लेखकों, वक्ताओं, अन्य लोगों के लिए आदर्श शख्सियतों और सम्मानीय पदों पर विराजमान लोगों की आवश्यकता है। इसके लिए सबसे महत्त्वपूर्ण यह है कि मीडिया निरंतर दबाव बनाए रखे।

ऐसा इसलिए, क्योंकि हमारे प्रशासन तंत्र में भ्रष्टाचार रूपी कैंसर बहुत गहराई से समा चुका है। हमारे अधिकारी तंत्र के बाबू शीर्ष पर सबसे कमजोर व निम्नतम स्तर पर सबसे असंवेदनशील हैं। हमारे निजी क्षेत्र में पैसों का ऐसा आवेग है जो बहुत कम लोगों को लुभाता है। हमारी चुनाव-प्रणाली शुरुआत से ही भ्रष्टाचार की जनक रही है। सभी को यह भलीभाँति ज्ञात है कि विभिन्न पार्टियों के धन एकत्र करने के तरीके हमारी व्यवस्था प्रणाली में भ्रष्टाचार रूपी बीमारी के सर्जक रहे हैं। हमारे संपत्ति खरीदने, भूमि सौदों और अधिग्रहणों के अपारदर्शी प्रणाली ने समान रूप से अर्थव्यवस्था को पोषित किया।

हमारी सतर्कता प्रणाली को स्वाभाविक तौर पर और जान-बूझकर त्रुटिपूर्ण रखा गया। दोषी को पकड़ने के लिए उनका जाल बहुत ही कमजोर होता है, जहाँ पर आप केवल गोल-गोल चक्कर काटते हैं। कोई भी सतर्कता या भ्रष्टाचार-विरोधी विंग स्वतंत्र अथवा अंतिम निर्णय देनेवाले निर्णायक के तौर पर काम नहीं करता। यह एजेंसी या तो सिफारिशी होती है या फिर राजनीतिक प्रभावों की चपेट में आ जाती है।

यहाँ पर विभिन्न स्तर के लोगों को स्पष्ट तौर पर वर्गों में बाँटा गया है। हमारे पास गरीब लोगों के लिए पुलिस स्टेशन हैं और अमीर लोगों के लिए सी.बी.आई., सी.वी.सी. व सी.ए.जी. एजेंसी हैं। यहाँ पर अमीर लोगों के लिए मोटी रकम को ईंधन की तरह इस्तेमाल कर प्राप्त किए गए कानून सहायता के द्वारा कानूनी शिकंजे से छूटने के लिए जमानत, पेरौल और अग्रिम जमानत मौजूद हैं; जबकि गरीबों के लिए पसीने से तर करनेवाले बदबूदार बैरक हैं; वहीं दूसरी ओर व्यक्ति की पैसा चुकाने की ताकत पर निर्भर करनेवाले वातानुकूलित अस्पताल भी हैं।

स्पष्ट तौर पर हमारे देश में कुछ छोटी-छोटी बातों को छोड़कर न्याय के दो वर्ग हैं।

भ्रष्टाचार दस्तूर बन गया है। ईमानदार बने रहना मूर्खता है। आज के समय की यही मानसिकता है। जितना बड़ा भ्रष्टाचार होगा उतनी ही बड़ी कमाए गए धन के साथ बच निकलने के लिए कुशलता होगी। अपराध जितना छोटा होगा उतनी ही अधिक पकड़े जाने, निलंबित होने और

गिरफ्तार होने की संभावना होगी। बड़े स्तर किया गया भ्रष्टाचार अपने धन को बढ़ाने, बल्कि शासन की डोर अपने हाथों में लेने का निश्चित मार्ग है।

लोग जानते हैं कि कौन से लोग भ्रष्टाचारी हैं और क्यों भ्रष्टाचार इतना अनियंत्रित हो गया है। फिर भी हम बार-बार उनका चुनाव करते हैं। ऐसा करके हम उन्हें और अधिक पैसा व राजनीतिक शक्ति को एकत्र करने की वैधता प्रदान करते हैं। देश और इसकी 'सेवा' और इसके 'सेवक' कुछ को छोड़कर बिकने के लिए तैयार हैं। ऐसे लोगों में से अधिकतर, जिनपर कुछ जिम्मेदारियाँ हैं, को देखकर ऐसा प्रतीत होता है कि उनकी एक कीमत है—शीर्षस्थ श्रेणी से लेकर निम्न श्रेणी तक साहस के साथ द्वेष व उपद्रव के मूल्य पर निर्भर हैं।

देश को अपनी सतर्कता प्रणाली की संपूर्ण तौर पर कायापलट की आवश्यकता है। इसे एक वैधानिक व स्वतंत्र तौर पर जाँच करनेवाली और मुकदमा चलानेवाली एजेंसी की आवश्यकता है, जिसका भुगतान भारत के समेकित कोष से किया जाए, जिसका अपना बजट हो, जिसमें नियुक्ति मेरिट के आधार पर योग्य लोगों की खोज के माध्यम से हो, जिसमें अधिकारी का एक निश्चित कार्यकाल हो, जिससे कि राजनीतिक अनिश्चितताओं से बचा जा सके। इसे एक निर्णयात्मक भूमिका को निभाने की आवश्यकता चूँकि वर्तमान में इस दिशा में काम करनेवाले संस्थान मात्र सिफारिशी भूमिका ही निभाते हैं।

एक बार हांगकांग को भी भ्रष्टाचार के तेजी से फैलने की ठीक इसी प्रकार की स्थिति का सामना करना पड़ा। लोग सड़कों पर आ गए। द्वीप को एक ऐसे स्वतंत्र विभाग का गठन करने के लिए बाध्य किया गया, जिसमें कार्यात्मक तौर पर स्वतंत्र अधिकार हों। इसकी अध्यक्षता विभिन्न क्षेत्रों से क्षमतावान् पुरुष व महिलाओं के द्वारा की गई और इसने पूरे तंत्र को साफ व दुरुस्त किया।

प्रश्न यह उठता है कि इस प्रकार के संस्थान की स्थापना में कौन मदद करेगा? वही लोग जो सत्ता में हैं और जो इसकी स्थापना का कारण बन रहे हैं? नहीं! इसका निर्माण भारत के लोगों को करना होगा, जिन्हें

व्यापक स्तर पर व्यवस्थित, शिक्षित व जानकारी रख़ने की आवश्यकता है, जिससे कि वे भारत की सतर्कता प्रणाली में व्याप्त बहुत सी त्रुटियों व किस प्रकार वे प्रभावहीन हैं, की समस्या को दूर कर पाएँ।

इन सबसे अधिक महत्त्वपूर्ण यह है कि भारत के लोगों के लिए यह जानना आवश्यक है कि मौजूदा प्रणालियों में से कोई भी पूर्ण रूप से न तो सशक्त है और न ही संपूर्ण है। राज्य भ्रष्टाचार-विरोधी और सतर्कता विभाग, सी.वी.सी., सी.ए.जी. केवल सिफारिश कर सकते हैं और सी.बी.आई. सरलता के साथ राजनीतिक नियंत्रण में आ जाती है। सरकार द्वारा जिस लोकपाल को प्रस्तावित किया गया है, उसे भी इसी वर्ग में रखा गया है। यह केवल सिफारिश कर सकता है, लेकिन कोई कदम नहीं उठा सकता और सत्तावादी, जो कई बार प्रमुख संदिग्ध होते हैं, इसके दायरे में नहीं आते।

हम आम लोगों में से ग्यारह व्यक्तियों ने इस दिशा में पहला कदम उठाया है, जिसमें बाबा रामदेव और अन्ना हजारे एक साथ आए और उन्होंने वर्ष 2010 में नई दिल्ली में आयोजित कॉमनवेल्थ खेलों के दौरान सामने आए भ्रष्टाचार के अनगिनत मामलों में जाँच करने हेतु पुलिस के पास जाकर औपचारिक तौर पर शिकायत दर्ज करवाई है। अब देखना यह है कि जाँच एजेंसियाँ कितनी पूर्णता व शीघ्रता के साथ जाँच पूरी करती हैं।

हमें, आम लोगों को, स्वयं को शोषित होने से रोकना होगा। हमें उस पैसे को वापस माँगना होगा, जिसे हमसे लूटा गया है और हमें लूटनेवालों को उम्र भर के लिए जेल भेजना होगा।

जय भारत!

□

7

पुलिस सेवा में भ्रष्टाचार रोकने के पाँच महत्त्वपूर्ण उपाय

मैं 13वें अंतरराष्ट्रीय भ्रष्टाचार-विरोधी सम्मेलन, जिसका आयोजन एथेंस, ग्रीस में किया गया था, से वापस लौटी हूँ। इस सम्मेलन में 130 से भी अधिक देशों ने भाग लिया। वहाँ पर सरकारों के प्रमुख (मैंने सुना था कि ग्रीस के राष्ट्रपति यह बता रहे थे कि वे सरकार को ईमानदार बनाए रखने के लिए क्या-क्या कर रहे हैं), संयुक्त राष्ट्र के वरिष्ठ अधिकारी, भ्रष्टाचार-विरोधी प्रमुख, सरकारी अधिकारी, स्वयंसेवी गैर-सरकारी संस्थान और मीडिया भी मौजूद थी।

यह एक द्विवार्षिक सम्मेलन था, जिसमें अंतरराष्ट्रीय समितियाँ जीवन के सभी क्षेत्रों, सार्वजनिक व निजी क्षेत्र की कार्य-पद्धति पर ध्यान केंद्रित करते हुए, की अखंडता में सुधार के उपायों पर विचार करने के लिए एक साथ आईं।

मैं संयुक्त राष्ट्र के विकास कार्यक्रम, पुलिस में भ्रष्टाचार के विषय पर आयोजित कार्यशाला में दल की सदस्य वक्ता के तौर पर आमंत्रित थी। मेरे साथ वहाँ पर चार अन्य वक्ताओं को भी आमंत्रित किया गया था। वहाँ उस कार्यशाला में उस विषय पर जो मैंने अपने विचार रखे, उनको व्यक्त कर रही हूँ।

मैंने भ्रष्टाचार को आपराधिक विश्वासघात, आपराधिक गबन, आपराधिक चोरी, अमानवीय लोभ, पाप और जिम्मेदारियों व अधिकारों

के दुरुपयोग के तौर पर परिभाषित किया। यह सभी कार्य एक राष्ट्र के विकास व सुरक्षा को अल्पकाल व दीर्घकाल दोनों में प्रभावित करते हैं। अपराधों व आतंकवादी हमलों की घटनाओं में हो रही वृद्धि भी भ्रष्ट पुलिसिंग का ही उत्पाद है। भ्रष्टाचार केवल वित्तीय संबंध में ही नहीं होता अपितु समाज के कमजोर वर्ग के इरादों, प्रक्रियाओं, कार्य-प्रणाली, संसाधनों के उपयोग और सेवा की गुणवत्ता के साथ भी होता है।

मैंने पुलिस विभाग में भ्रष्टाचार के पनपने के पाँच प्रमुख कारण बताए—

• **पहला एवं प्रमुख :** जब हम राजनीतिक आकाओं को अमान्य या उनका प्रबंध करते हैं। उनके लिए राजनीति उनका व्यक्तिगत व्यवसाय होती है और सुझाव एवं सेवा मात्र बोली गई सेवाएँ होती हैं।

• **दूसरा :** जब शक्ति के उपयोग व अधिकार सांस्थानिक निगरानी कमजोर होती है। उदाहरण के लिए, नेतृत्व के महत्त्वपूर्ण पदों के चयन के तरीके।

• **तीसरा :** जब निर्णय अस्पष्ट रह सकते हैं। व्यक्ति यह भी नहीं जान पाता कि प्रक्रिया का ठीक प्रकार से अनुसरण या यथोचित परिश्रम किया गया है या नहीं।

• **चौथा :** जब असैन्य समाज कमजोर होता है, व्यवस्थित नहीं होता और उस शक्ति को चुनौती देने से डरता है।

• **पाँचवाँ :** जब बड़ी संख्या में मौजूद गरीब व लाचार जनता का शोषण करने के लिए पर्याप्त अवसर विद्यमान हों।

अब भ्रष्टाचार के प्रमुख पाँच क्षेत्र, जिनमें पुलिस लिप्त होती है—

• **पहला :** अपराध की रिपोर्ट लिखने में विवेक।

• **दूसरा :** पूछताछ, गिरफ्तारी, जाँच और अभियोजन की प्रक्रिया में बेईमानी।

• **तीसरा :** व्यवस्थित अपराध अड्डों, गैर-कानूनी, अपराधी लोगों को शरण देने इत्यादि की जाँच में नगनात्मक होना।

• **चौथा :** आरोपों की गंभीरता को कम करना या जहाँ पर आवश्यकता न हो वहाँ पर गंभीर आरोपों को जोड़ना।

• **पाँचवाँ :** कार्यालय की मशीनरी का गलत उपयोग अथवा आधिकारिक संसाधनों—जिनमें पेंसिल से लेकर शक्ति सम्मिलित हैं, का गलत उपयोग।

हमने पाया कि भ्रष्टाचार के इन पाँच क्षेत्रों के निम्न पाँच परिणाम प्राप्त होते हैं—

• **पहला :** पुलिस का ध्यान व्यापक तौर पर समाज की सुरक्षा के बजाय निजी लोगों की सुरक्षा की ओर अधिक हो गया है। अब प्राथमिकता हर समय वी.आई.पी. लोगों की देखभाल में लगे रहना हो गई है।

• **दूसरा :** पुलिस ने आम जनता से दूरी बना ली है और स्वयं के प्रति लोगों के विश्वास को खो चुकी है।

• **तीसरा :** पुलिस की क्षमता सीमित हो गई है। यह मात्र अग्निशमन की तरह काम करने तक ही सीमित है। अराजकता में वृद्धि हुई है।

• **चौथा :** जब कोई पुलिसवाला विभिन्न प्रकार के भ्रष्टाचारों की आपराधिक गतिविधियों में सम्मिलित होता है, वे स्वयं असामाजिक व्यवहार का प्रसार करते हैं।

• **पाँचवाँ :** पुलिस नेतृत्व अपने अधीनस्थों पर नियंत्रण खो चुका है।

हम इस स्थिति को किस प्रकार बदल सकते हैं?

यह वे पाँच उपाय हैं, जिन्हें मैंने कार्यशाला में अपने देश के लिए प्रस्तावित किया—

• **पहला :** भारत को भ्रष्टाचार के खिलाफ संयुक्त राष्ट्र सम्मेलन के अनुसमर्थन एवं कार्यान्वयन पर विचार करना चाहिए।

• **दूसरा :** पुलिस सेवा के राष्ट्रव्यापी व राज्य व्यापक धारणा का एक वार्षिक सर्वेक्षण किया जाना चाहिए। यह सर्वेक्षण सरकार द्वारा करवाया जाना चाहिए, लेकिन इसे पूरा विभिन्न अकादमियों के संयुक्त समूह, गैर-सरकारी संस्थानों और पुलिस के लोगों द्वारा मिलकर किया जाना चाहिए। इस सर्वेक्षण के परिणाम पर व्यापक सराहना प्राप्त करने के लिए सार्वजनिक तौर पर बहस की जानी चाहिए।

• **तीसरा :** हमारे यहाँ एक सक्रिय व मजबूत नागरिक समाज की

भीषण आवश्यकता है। www.saferindia.com और www.indiapolice.in जैसी धारणाओं को राष्ट्रीय आंदोलन का चेहरा देने की आवश्यकता है, जिससे कि अपराध की रिपोर्ट दर्ज करने और उसके बाद की प्रक्रिया में पुलिस की विवेकशीलता को संतुलित किया जा सके।

• **चौथा :** युवा वर्ग व कॉलेज विद्यार्थियों को शुरुआत से ही सक्रिय तौर पर पुलिस सेवा में कैडेट के तौर पर भाग लेना चाहिए, जिससे कि वे अपराधों को रोकने तथा समाज की सुरक्षा के प्रति अपने उत्तरदायित्वों को समझ सकें।

• **पाँचवाँ :** हमारे यहाँ अच्छी पुलिस सूचकांक (जी.पी.आई.) की अत्यधिक आवश्यकता है। यह प्रत्येक देश की पुलिस प्रणाली का मूल्यांकन संपूर्ण रूप से करेगी। इसके मानदंड में सूचना तकनीक के उपयोग, प्रशिक्षण, स्टाफ के कल्याण, कानूनी नियमों का अद्यतनीकरण, मीडिया की पहुँच, सामुदायिक और यदि भागीदारी संभव हो तो अन्य प्रासंगिक नीतियाँ व न्यायिक निर्णयों के लिए सम्मान को सम्मिलित किया जा सकता है।

अंत में मैंने कहा कि कानून प्रवर्तन में भ्रष्टाचार से मुकाबले के लिए निरंतर कार्रवाई व बनावटी आक्रोश की आवश्यकता है। यहाँ पर आप लोगों को चुप्पी तोड़नी होगी।

हमें राजनीति रूपी शरीर पर डंक मारने के लिए और बहुत सी मधुमक्खियों की आवश्यकता है।

सम्मेलन के अंत में मेरे द्वारा प्रस्तावित सभी महत्त्वपूर्ण सिफारिशों के प्रस्ताव को पारित किया गया।

अफसोस की बात यह थी कि उस सम्मेलन में आमंत्रण मिलने के बावजूद जैसा हमें बताया गया, हमारी सरकार की ओर से कोई नहीं था। शेष विश्व द्वारा इन विचारों को अपनाया गया।

□

8

आज के समय की माँग है–लोगों में साहस का होना

पिछले कुछ दिनों में दो बहुत ही गंभीर अपराध हुए। पहला, एक वरिष्ठ पत्रकार की हत्या, जो अपराधों व भ्रष्टाचार से जुड़ी खबरों की रिपोर्टिंग करता था और दूसरा, एक नाबालिग लड़की का पुलिस स्टेशन के पास फाँसी पर लटकी हुई मिलना। उसके माता-पिता का आरोप था कि बलात्कार के बाद उसकी हत्या की गई है, जबकि पुलिस का कहना था कि यह आत्महत्या का मामला है। दूसरे मामले में पोस्टमार्टम रिपोर्ट में कहा गया था कि यह हत्या का मामला है। इसी बीच बहुत से पुलिसवालों को पहले ही निलंबित कर दिया गया था। बाद में उन्हें शीघ्र ही बहाल कर दिया गया, क्योंकि आम जनता की याददाश्त बहुत ही कमजोर होती है।

वरिष्ठ पत्रकार की हत्या के मामले में मीडिया जगत् इसका विरोध करने के लिए मुंबई में बड़ी संख्या में एक साथ सामने आया। उन्होंने मुख्यमंत्री को अपने प्रश्नों से परेशान किया और यह घोषणा की कि उन्हें मुंबई की पुलिस पर भरोसा नहीं है। उन्होंने कहा कि वे लोग इसमें सुधार के लिए बॉम्बे हाई कोर्ट जाएँगे और उन्होंने इस मामले में सी.बी.आई. जाँच की माँग की। उन्होंने अनशन के साथ-साथ प्रधानमंत्री कार्यालय तक मार्च करने का भी ऐलान किया। जाहिर है कि वे लोग अपराध, भ्रष्टाचार और अंडरवर्ल्ड से जुड़ी खबरों की रिपोर्टिंग करनेवाले पत्रकारों

की सुरक्षा पर बढ़ते खतरों को लेकर चिंतित थे।

नाबालिग लड़की के मामले में दूसरी पोस्टमार्टम रिपोर्ट में कहा गया था कि यह हत्या का मामला है, लेकिन बलात्कार नहीं हुआ। यह बहुत ही पहेलीनुमा था। केवल आनेवाला समय ही बताएगा कि क्या कभी सच सामने आएगा। आरोप उन पुलिसवालों पर ही लगे हैं, जो उस मामले की जाँच कर रहे हैं। आपको यहाँ पर अन्य कर्मी कहाँ से मिलेंगे?

ये दोनों ही मामले न तो पहली बार हुए और न ही अंतिम हैं। मुख्यमंत्री ने पत्रकारों को यह भरोसा दिलाया कि उनको पूरी सुरक्षा दी जाएगी। उन्होंने शीर्षस्थ पुलिस अधिकारियों को बुलाया और कहा कि जब तक यह केस सुलझ नहीं जाता, तब तक वे लोग पुलिस स्टेशन में ही रहें। मुझे यह देखकर आश्चर्य हुआ कि क्या यह काम करेगा। पत्रकारों को जो पुलिस सुरक्षा देने का आश्वासन दिया गया है, उसके लिए पुलिस बल कहाँ से आएगा? पुलिस की मौजूदा उसी संख्या में से? बल्कि पुलिस की यह संख्या सामान्य पुलिस सेवा के लिए भी अपर्याप्त है।

मुद्दा यह है कि वर्तमान में देश को जिस प्रकार की चुनौती का सामना करना पड़ रहा है, उसके लिए पूर्ण रूप से केंद्रित शासन की आवश्यकता है। इसके लिए बहुत अधिक सामंजस्य व विश्वास की आवश्यकता है; परंतु ऐसा प्रतीत हो रहा है जैसे इन दोनों की ही बहुत कमी है।

पत्रकारों का कहना है कि वे पुलिस बल पर विश्वास नहीं करते और इसलिए वे चाहते हैं कि इस मामले की जाँच सी.बी.आई. करे। सी.बी.आई. कितने मामलों की जाँच कर सकती है? वे स्वयं अपनी पुलिस पर भरोसा नहीं करते। ऐसा इसलिए है, क्योंकि वर्षों से विश्वास टूट रहा है और हमें कभी इसके परिणाम का अहसास नहीं हुआ। अब यह हमारे वातावरण में पूरी तरह से घुल चुका है।

पुलिसिंग में सुधार की ओर कभी भी महत्त्वपूर्ण मुद्दे की भाँति नहीं देखा गया। पुलिस विभाग को व्यापक स्तर पर कायापलट की आवश्यकता है। लेकिन यह कायापलट कौन करेगा? आजकल सबकुछ राजनीतिक हो गया है, लेकिन हमारे पास अभी कुछ विकल्प शेष हैं। हमें उन्हें प्रकट

करना होगा और जब तक हमारे सभी कार्यों के लिए केंद्र में एकता स्थापित नहीं हो जाती, तब तक हम कई महत्त्वपूर्ण जिंदगियों को उपर्युक्त दो मामलों की तरह गँवाते रहेंगे।

पुलिस विभाग प्रभावशाली शासन का ही एक भाग है। इसके लिए उच्चतम स्तर के नेतृत्व की आवश्यकता होती है। विचार कीजिए, किस राज्य में किस स्तर पुलिस सेवा मौजूद होगी, यदि उसका मुख्यमंत्री भ्रष्टाचार में लिप्त हो? एक मुख्यमंत्री (झारखंड) जेल में बंद हैं तो दूसरे राज्य (कर्नाटक) के मुख्यमंत्री के खिलाफ राज्य के लोकायुक्त द्वारा जाँच की जा रही है। राज्य की स्थिति पूरी तरह से नियंत्रणहीन हो चुकी है। और नियंत्रणहीन होना! आजकल ऐसे पूछा जाता है जैसे कि हम सर्कस में हों, लेकिन अगर ऐसा है तो रिंग मास्टर कौन है और कहाँ पर है?

पिछले कई वर्षों से हम मुख्य विषय से भटकते रहे हैं और हम उसी भटकाव का मूल्य चुका रहे हैं। आज प्रशासन के प्रत्येक पहलू को शल्य-चिकित्सा में दिखाई जानेवाली तीव्रता व गंभीरता के समान सुधार की आवश्यकता है। आज आम आदमी मीडिया को भी, जैसाकि मुंबई में घटी घटना में देखा गया, को इसके परिणामों को सहना पड़ रहा है।

पिछले कुछ प्रेस सम्मेलनों में मैं यह प्रश्न पूछती आ रही हूँ कि उनमें कुछ किस ओर हैं। वे क्या चाहते हैं? क्या वे प्रभावशाली शासन चाहते हैं या नहीं? यदि हाँ, तो क्यों नहीं ऐसे महत्त्वपूर्ण विषय का उनके द्वारा अनुसरण किया जाता? जैसे जब हमने एक प्रभावशाली भ्रष्टाचार-विरोधी प्राधिकरण की माँग करने की शुरुआत की तो इस अति महत्त्वपूर्ण खबर को प्रिंट व इलेक्ट्रॉनिक दोनों प्रकार के मीडिया द्वारा तब तक अनदेखा किया गया जब तक अन्ना हजारे अनशन पर नहीं बैठे। मुझे याद है कि मीडिया जगत् से बहुत से पत्रकार प्रेस ब्रीफिंग के लिए बिना बिल के प्रारूप को पढ़े ही आए, जबकि यह वेबसाइट पर मौजूद है। बहुतों ने उस पर विरोध के ऐसे बहुत से बिंदु लिखे, जो पहले से ही वहाँ पर मौजूद थे।

मैं यह कहने की कोशिश कर रही हूँ कि इस देश को एक प्रभावशाली शासन की आवश्यकता है, जिसमें ईमानदार नागरिक भी शामिल हैं।

जो लोग व्यापक स्तर पर पूरे देश के हित के लिए काम करते हैं,

जैसे अन्ना हजारे चोट खाने के लिए अकेले होते हैं। इस तरह की स्थिति में वे, जो गैंडे जैसी मोटी चमड़ी के होते हैं, टिके रहते हैं। जो लोग पतली चमड़ी के होते हैं, वे अपने कदम पीछे खींच लेते हैं।

वही मीडिया, जो मुंबई में घटी घटना पर शोक मना रही है, को जाँच-पड़ताल करनी चाहिए। पुलिस या मीडिया के क्षेत्र में होना एक मिशन पर होने के समान है। निस्संदेह व्यक्ति को एक सम्मानजनक जीवन प्राप्त होना चाहिए, लेकिन इस मिशन के सदस्यों को बदलाव लाने के लिए साहस करना जारी रखना चाहिए। साहसी बने रहो और पक्षपाती न बनो। इस वजह से भ्रष्टाचारी अपने काम को सजा न मिलने की भय मुक्ति के साथ नहीं कर सकते।

आज हमारे लिए सबसे अधिक आवश्यक यह है कि हम बोलने का साहस दिखाएँ। अपने साथ हो रहे गलत के खिलाफ एक हो जाने का साहस दिखाएँ। गलत के बारे में प्रश्न करने का साहस दिखाएँ। भ्रष्ट लोगों के खिलाफ कदम उठाने का साहस दिखाएँ। असामाजिक तत्त्वों को निष्कासित करने और उनकी कलई खोलने का साहस दिखाएँ। जैसाकि अमूल के नवीनतम विज्ञापन में कहा गया है—'करो सही, डरो नहीं'।

□

9

दो बिलों की कहानी : प्रारूप व पैबंद

सरकार द्वारा प्रारूपित लोकपाल बिल देश में फैले भ्रष्टाचार से लड़ने हेतु दो अलग व असमान प्रतिक्रियाएँ उपलब्ध करवाता है। एक, व्यावसायिक तौर पर फैले भ्रष्टाचार के लिए और अन्य, आम जनता से माँगी जानेवाली रिश्वत के लिए।

बड़ी संख्या में रिपोर्ट्स, शोध और मतगणनाओं में व्यापक तौर पर फैले भ्रष्टाचार को स्पष्ट रूप से, देश भर से विभिन्न पीड़ितों के साथ विशेष तौर पर दरशाया और उनमें से अधिकतम पीड़ित सूची स्तंभ के सबसे निचले स्तर पर स्थित लोग थे।

सन् 2011 में एचटी-सी फोर के ओपिनियन पोल में यह खुलासा हुआ कि 59 प्रतिशत दिल्लीवालों द्वारा विभिन्न विभागों में—जिसमें भवन विभाग सबसे शीर्ष स्थान पर, इसके बाद सेल्स टैक्स, इन्कम टैक्स, पुलिस और शिक्षा विभाग का स्थान था, को रिश्वत दी है। भ्रष्टाचार का प्रदर्शन अधिकांश 37 प्रतिशत रिश्वत के रूप में और 42 प्रतिशत उत्पीड़न के तौर पर हुआ।

राजनीतिक और आर्थिक जोखिम परामर्श के प्रवासी व्यवसायी कार्यकारियों द्वारा हाल ही में किए गए एक अन्य सर्वेक्षण में पाया कि भारतीय अधिकारी तंत्र की स्थिति एशिया में सबसे खराब है। रिपोर्ट में कहा गया कि भारत में राजनेताओं द्वारा वायदे किए जाते हैं कि वे भारतीय अधिकारी तंत्र में सुधार और उसे पुनर्जीवित करेंगे, लेकिन वे प्रभावहीन रहते हैं—प्रमुखतः इसलिए, क्योंकि असैन्य सेवा स्वयं अपने अधिकारों

के तहत शक्ति का केंद्र होता है। किसी भी भारतीय के लिए, केवल विदेशी निवेशक को छोड़कर, उसका सामना करना सबसे अधिक परेशान करनेवाला अनुभव होता है।

भारतीय भ्रष्टाचार शोध : 2010, जिसे मीडिया शोध केंद्र द्वारा किया गया। इस शोध को पूरा करने के लिए केंद्र ने चार राज्यों के 10,000 गरीब ग्रामीणों को प्रभावित करनेवाले क्षेत्रों के विषय में सर्वेक्षण आँकड़ों को एकत्र किया गया। इसमें मूलतः चार क्षेत्र—सार्वजनिक वितरण, स्कूली शिक्षा, जलापूर्ति और अस्पताल सेवा। यह पाया गया कि इन सेवाओं की गुणवत्ता का स्तर इतना निम्न था कि हम सभी को भयभीत कर दे और भ्रष्टाचार का स्तर गैर-स्वीकार्य तौर पर काफी उच्च था। संपूर्ण तौर पर यह पाया गया कि जिन घरों में रिश्वत देने के बारे में प्रश्न पूछा गया, उसमें से 95 प्रतिशत द्वारा 'हाँ' में जवाब दिया गया। यह दिखाता है कि शिकायत निवारण प्रणाली की दशा निरंतर खराब होती जा रही है और वहाँ पर जन-सेवा उपलब्ध करवानेवालों में सभी सरकारी दावों के विपरीत जवाबदेही की कमी है।

इसी समस्या का समाधान उपलब्ध करवाने के लिए टीम अन्ना द्वारा जन लोकपाल बिल (इस बिल को यह नाम दिया गया) प्रारूपित किया गया और व्यापक तौर पर सबके लिए उपलब्ध करवाया गया। लेकिन बहुत अफसोस की बात है कि लोगों द्वारा चुनी गई सरकार ने उस मसौदे को पूरी तरह से अनदेखा कर दिया। यही कारण था कि समाज ने सरकारी बिल के खिलाफ अपनी आवाज बुलंद की। आशा है कि इस विसंगति से संसद् और उसकी स्थायी समितियों द्वारा किए गए सुधार को देखा जा सकेगा।

सरकार द्वारा उपलब्ध करवाए गए लोकपाल बिल (एल.पी.बी.) व टीम अन्ना द्वारा तैयार किए गए जन लोकपाल बिल (जे.एल.पी.बी.) में मूल अंतर दोनों के बिलों में प्रस्तावित प्रत्येक विभाग के तैयार नागरिक चार्टर में लिखी गई प्रतिबद्धताओं का है।

जन लोकपाल बिल (अन्ना) में पीड़ित नागरिक को राहत के लिए सीधे तौर पर जिला स्तर के लोकपाल अधिकारी से संपर्क साधने के लिए

एक सुलभ व सशक्त तंत्र प्रस्तुत किया गया है। लोकपाल अधिकारी विभाग के प्रमुख से दंड की उगाही कर सकता है और पीड़ित नागरिक को हरजाना दिलवा सकता है। यह एक सुरक्षा व सशक्तीकरण है, जिसकी आवश्यकता एक आम आदमी को है।

यदि लोकपाल अधिकारी स्वयं भ्रष्ट हो जाता है तो पीड़ित नागरिक जिला स्तर के स्वतंत्र शिकायत प्राधिकरण के पास जा सकता है। इस प्रकार के तंत्र की लोकपाल बिल में कमी थी। ऐसा मुख्यत: इसलिए था कि सरकार द्वारा तैयार किए गए लोकपाल बिल में केवल अ समूह के कर्मचारियों को सम्मिलित किया गया था और इसमें संयुक्त सचिव से नीचे की श्रेणीवाले अधिकारी/कर्मचारी सम्मिलित नहीं थे। चूँकि एक आम आदमी द्वारा प्राप्त सभी आवश्यक सुविधाएँ, जहाँ तक केंद्र सरकार के अधिकारों का संबंध है, जैसे—रेलवे, बैंक, पोस्ट और टेलीग्राफ, संचार, असैन्य पूर्ति इत्यादि में सरकार के लोकपाल बिल से किसी प्रकार का सुधार नहीं होना था और जिन सेवाओं को राज्य सरकारों द्वारा आम आदमी के लिए उपलब्ध करवाया जाता है, उसके बारे में केंद्र सरकार द्वारा यह प्रस्तावित किया गया कि विषय को राज्य सरकारों पर ही छोड़ दिया जाए।

कैसी विडंबना है कि यद्यपि वहाँ पर आम आदमी को राहत देने के लिए सरकारी लोकपाल बिल में कुछ भी नहीं था, परंतु उसकी सक्रियता को अवश्य सम्मिलित किया गया। सभी गैर-सरकारी संस्थान, चाहे वे पंजीकृत हो या नहीं, सरकार से धनराशि प्राप्त करते हों या नहीं, लेकिन किसी भी प्रकार का दान स्वीकार करनेवाले संस्थान, भले ही वे छोटे हों, इस लोकपाल के दायरे में आते हैं। वे एक नागरिक चार्टर को तैयार करने की भी अपेक्षा कर रहे हैं, जिससे कि नागरिकों को उनकी प्रतिबद्धताओं, जिसका उल्लंघन करने पर वे एक लोक शिकायत निवारण अधिकारी के प्रति जवाबदेह होंगे, को स्पष्ट तौर पर उल्लिखित किया गया हो।

सरकार द्वारा अपने लोकपाल के मसौदे में केवल एक वर्ग के 65,000 अधिकारियों को सम्मिलित करने को प्रस्तावित कर रही है, जबकि केंद्र सरकार के 40 लाख सरकारी कर्मचारियों को इसके दायरे से बाहर रखा

गया है। इसके साथ ही सरकार इस बिल में लाखों की संख्या में उन छोटी-छोटी स्वयंसेवी संस्थाओं को भी सम्मिलित कर रही है, जो स्वेच्छा से अपनी सेवाएँ अथवा छोटे-छोटे आयोजन जैसे रामलीला, दुर्गा-पूजा, स्थानीय मेलों और कार्निवाल जैसे त्योहारों व आयोजनों के लिए दान के रूप में राशि एकत्र करते हैं। व्यवस्थित समूह जैसे रोटरी, लॉयन्स, जयसी, वाई.एम.ए., रेजिडेंट वेलफेयर अथवा मार्केट एसोसिएशन, मैनेजमेंट ग्रुप, छोटे या बड़े संघ या मंडल, खेल समूह, सभी को इसके दायरे में लाया गया है। कोई भी इससे नहीं बचा है। कैसे और किसके कल्याण के लिए इस प्रावधान को लाया गया है, यह एक रहस्य है। संभवत: कमजोर दिल के लोगों को और भी डराने के लिए ऐसा किया गया है। यह निस्संदेह ही उत्पीड़न की गुंजाइश को बढ़ाने के अतिरिक्त लोगों की सक्रियता को भी सीमित करेगा। इसका एक उदाहरण इस प्रकार है। यदि एक पटवारी भ्रष्ट कार्य करता है तो लोकपाल के पास उसे सजा देने का कोई अधिकार नहीं होगा, लेकिन उसी गाँव में यदि एक छोटा सा क्रिकेट ग्रुप कोई वित्तीय अनियमितता करता है तो उन्हें लोकपाल द्वारा दायरे में घसीटा जा सकता है।

आम आदमी को सशक्त करने, सुविधा प्रदान करने और एक प्रभावशाली भ्रष्टाचार-विरोधी प्रणाली उपलब्ध करवाने के आश्वासन के बजाय सरकारी लोकपाल बिल से कुछ भी प्राप्त नहीं हुआ। लेकिन यदि वह एक सामाजिक कार्यकर्ता है और समाज के लिए कुछ करना चाहता है, और केवल एक छोटी सी रकम दान-स्वरूप एकत्र करता है तो वह लोकपाल द्वारा की जानेवाली पूछताछ के प्रति जवाबदेह बन जाता है। जबकि इसके विपरीत, टीम अन्ना के जन लोकपाल बिल में यह प्रस्तावित किया गया कि बिल के दायरे में केवल उन्हीं गैर-सरकारी संस्थानों को लाया जाए, जिन्हें पर्याप्त तौर पर सरकारी सहायता प्राप्त होती है।

सरकार लगातार आम आदमी से सार्वजनिक तौर पर किए गए खर्च के साथ कई स्कीमों का वायदा करती आ रही है, लेकिन प्रभावशाली भ्रष्टाचार-विरोधी तंत्र के बिना। बिना उत्तरदायी व पारदर्शी प्रणाली की स्थापना किए सार्वजनिक धन राशि का बेईमानी के साथ निकलना जारी

रहेगा। जन लोकपाल बिल (अन्ना) में अन्य संरक्षणों के अतिरिक्त एक सामाजिक लेखा परीक्षण का भी प्रस्ताव रखा गया है, जिसमें आधिकारिक बिलों को बाहर रखा गया है।

दोनों बिलों में अंतर के तहत कमजोर भ्रष्टाचार-विरोधी प्रणाली में रिश्वत देने और लेने का चलन जीवन का अंग बनकर चलता रहेगा। संदेश यह है कि वर्तमान स्थिति को स्वीकार करें और कष्ट झेलें। यही आपका भाग्य है या इसके बारे में कुछ करें।

□

10

अन्ना का अनशन, ताकि हम साँस ले सकें

बहुप्रतीक्षित लोकपाल बिल संसद् की स्थायी समिति के साथ है। अफसोसजनक बात यह है कि देश में फैली भ्रष्टाचार रूपी महामारी से राहत, जिसकी आम आदमी को सख्त आवश्यकता है, दिलाने और उस पर कड़ी निगरानी रखने में यह बिल कोसों दूर है। राष्ट्र में फैले एक ऐतिहासिक आंदोलन का आधार खो रहा है।

सरकारी लोकपाल बिल ठीक उसी प्रकार है जैसे गंभीर रूप से बीमार किसी व्यक्ति को साधारण सी गोली देना, जबकि उसकी लाइलाज बीमारी से निजात पाने के लिए काफी बड़ी सर्जरी करने की आवश्यकता है। एक बार सर्जरी हो जाने के बाद बीमार को निरंतर देखभाल व ईमानदारी से अपना काम करनेवाले ऐसे पेशेवर लोगों की भी आवश्यकता है, जिनमें अपने लक्ष्य को लेकर किसी प्रकार का मतभेद न हो और वे देश को पुनः स्वस्थ करने के लिए प्रतिबद्ध हों और उस पर निगरानी रखें और उसे इस स्थिति को फिर से उत्पन्न होने से बचाने हेतु आवश्यक तौर पर हस्तक्षेप करें।

एक दिन ऐसा नहीं बीता, जब देश को किसी ऐसी नई घटना का सामना न करना पड़ा हो अथवा इस बीमारी के जानलेवा परिणाम सामने न आए हों। इससे संबंधित मेडिकल बुलेटिन टेलीविजन चैनलों, प्रिंट मीडिया अथवा आम नागरिकों द्वारा सूचना के अधिकार का उपयोग कर एकत्रित की गई जानकारियों के द्वारा ब्रेकिंग न्यूज की तरह सामने आते रहते हैं।

इस बीमारी को दूर करने के लिए भारी-भरकम औषधियों की खुराक के साथ-साथ इस पर रखी गई कड़ी निगरानी के तहत दिशात्मक हस्तक्षेप, जैसे—एक घोषणा उच्चतम न्यायालय द्वारा दिल्ली पुलिस के लिए 'वोट फॉर कैश' घोटाले मामले में की गई। न्यायालय ने कहा कि चूँकि कोर्ट की नजर इस मामले में हो रही जाँच पर बनी हुई है, दिल्ली पुलिस को अपनी जाँच के दायरे को आवश्यक तौर पर फैलाना होगा और इस मामले की जड़ तक जाना होगा और रिश्वत के तौर पर दी गई राशि के स्रोत का पता लगाना होगा कि वह धन कहाँ से आया। इससे अधिक क्या कहने की आवश्यकता है?

क्या इस प्रकार की बातें एक स्वतंत्र जाँच एजेंसी—जैसे लोकपाल, जिसके लिए अन्ना हजारे का क्रोध भड़का था—के हाथों में हैं, तिहाड़ जेल सुर्खियों में रहनेवाले लोगों से भरा पड़ा है।

आइए, हम यह जाँचें कि अन्ना हजारे द्वारा अनिश्चित काल के लिए 16 अगस्त से किए गए अनशन का वास्तविक कारण क्या था। उनकी प्रमुख माँग क्या थी और यह माँग किसके लिए थी?

अन्ना हजारे का अनशन उस आम आदमी के लिए था, जो हर रोज रिश्वत रूपी दानव का शिकार होता है। हर बार आम आदमी, जिसका कोई राजनीतिक अथवा सामाजिक संबंध नहीं होता, को राशन कार्ड, बच्चों का दाखिला स्कूल में करवाने, जन्म या मृत्यु प्रमाण-पत्र, जल या बिजली के कनेक्शन, प्रतिदिन घंटे के हिसाब के काम कर पैसा कमाने, पासपोर्ट सत्यापन, जमीन विवाद अथवा पड़ोसी से विवाद के लिए पुलिस में शिकायत और इसी प्रकार के अन्य मामलों में निचली श्रेणी के अधिकारियों को रिश्वत देने की आवश्यकता पड़ती है।

क्या एक छोटा व्यापारी बिना किसी अधिकारी को रिश्वत दिए ईमानदारी के साथ अपना व्यवसाय कर सकता है? रिश्वत देने की शुरुआत कार्यालय के बाहर तैनात चपरासी से होती है और अंदर बैठे अधिकारी तक जाती है। इस प्रकार के लोग कहाँ शिकायत करें और कौन उनकी बात सुनेगा?

इसलिए एक आम आदमी रिश्वत देने में ही समाधान तलाश लेता है और सरकार द्वारा जिस लोकपाल बिल का मसौदा तैयार किया गया है,

उसमें व्यापक तौर पर फैली इस रिश्वत की बीमारी का कहीं कोई जिक्र नहीं किया गया है। प्रत्येक सर्वेक्षण यह दिखाता है कि सभी स्तरों पर भ्रष्टाचार की यह समस्या तेजी से फैल रही है। हाल ही की एक रिपोर्ट 'भारत में भ्रष्टाचार 2010' के अनुसार, ग्रामीण इलाकों में जितने भी लोगों से यह प्रश्न पूछा गया कि उन्होंने रिश्वत दी है, तो उसमें से 95 प्रतिशत लोगों ने 'हाँ' में जवाब दिया।

टीम अन्ना द्वारा तैयार लोकपाल बिल के मसौदे में इसके लिए काफी शक्तिशाली उपाय बताए गए हैं। यह एक नागरिक चार्टर प्रदान करता है, जहाँ पर सभी श्रेणी के सरकारी अधिकारी एक परिभाषित समय सीमा के भीतर अपेक्षित सेवा को देने के लिए बाध्य होंगे। तय समय में सेवा नहीं दिए जाने को भ्रष्टाचार माना जाएगा और अधिकारी को अपेक्षित प्रदर्शन न दिखाने के लिए भुगतान करना होगा। लोक शिकायत निवारण अधिकारी और जिला स्तर पर लोकपाल अधिकारी के लिए बनाए गए प्रावधान शिकायतकर्ता को आवश्यक राहत प्रदान करेंगे।

दुर्भाग्यवश सरकारी बिल में 1.2 करोड़ सरकारी कर्मचारियों—केंद्र सरकार के कर्मचारियों में से केवल 0.5 प्रतिशत को ही बिल में शामिल किया गया है। इस स्थिति में एक आम आदमी के लिए किसी प्रकार की राहत की अपेक्षा नहीं की जा सकती।

लोकपाल की आवश्यकता क्यों है, इसका एक अन्य कारण यह है कि राज्य के लोकायुक्त अपने प्रदर्शन में कमजोर रहे हैं। केवल कर्नाटक एकमात्र ऐसा राज्य है, जो इस कसौटी पर खरा उतरा है। इसका कारण वहाँ पर लोकायुक्त को उपलब्ध करवाया गया नेतृत्व व अधिनियम में निहित शक्ति है। कर्नाटक राज्य के लोकायुक्त के पास जाँच करने की शक्ति के साथ अभियोग लगाने का भी अधिकार है। उनके पास अपनी कर्नाटक लोकायुक्त पुलिस भी है, जो अन्य किसी राज्य के लोकायुक्त के पास नहीं है और इससे क्या मिलता है, यह अभी देखने की बात है।

दिलचस्प बात है कि कुछ राज्य जैसे गोआ, छत्तीसगढ़, जम्मू व कश्मीर, ओडिशा, मिजोरम, नागालैंड और सिक्किम के पास लोकायुक्त नहीं है। अन्य बहुत से राज्यों, जैसे महाराष्ट्र और उत्तर प्रदेश में मुख्यमंत्री

को लोकायुक्त के दायरे में नहीं लिया गया है। इन राज्य विभाग में अधिकतर पद की नियुक्ति आम आदमी की लागत पर सेवानिवृत्त अधिकारियों के लिए सेवानिवृत्ति के बाद मिला पुरस्कार है।

इन कमियों में सुधार करने की आवश्यकता है। लेकिन ईमानदारी से तय किए उद्देश्य की कमी के कारण इस अवसर को खो दिया गया। ऐसा प्रतीत होता है जैसे ऐसे भ्रष्टाचार को समाप्त करना, जो आम आदमी को प्रभावित करता है, सरकार की चिंता का विषय नहीं है; बल्कि वे इसे एक समस्या मानने के लिए भी तैयार नहीं हैं। वे इसे आम आदमी पर ही छोड़ देना चाहते हैं कि वह इससे निपटने के लिए जो चाहता है, करे।

जैसाकि स्पष्ट है, गरीबों ने भ्रष्टाचार को अपनी तकदीर मान लिया है। वह देकर, पाकर या छोड़ने अथवा खुशामदी का मार्ग अपनाकर शांति बनाए रखता है।

16 अगस्त को अन्ना हजारे के साथ आएँ, जब वे आम आदमी के लिए अपने अनिश्चित काल के लिए अनशन की शुरुआत करेंगे। यह इस देश के लिए भाग्य हमारे वर्तमान और भविष्य के लिए है।

□

11

चुनाव सभी समस्याओं का हल नहीं

लोग क्या चाहते हैं और हमारे चुने हुए कुछ प्रतिनिधि क्या देते हैं, इसमें बहुत बड़ा अंतर होता है। हमें, आम जनता को, ऐसा मार्ग व माध्यम को तलाशना होगा, जिससे कि इसके बीच के अंतर को पाटा जा सके। हम इस स्थिति को वैसे ही बने रहने नहीं दे सकते जैसी यह अभी है। हम अपने बीते हुए कल को खो चुके हैं और अपने वर्तमान को भी खोते जा रहे हैं। क्या हम अपने देश को इसी हालत में अपने बच्चों के हाथों में देना चाहते हैं या हम सब मिलकर इस स्थिति को बदलने का प्रयास करना चाहते हैं?

इस देश के लोग क्या चाहते हैं? वे केवल इतना चाहते हैं कि प्रतिनिधित्व अच्छे चरित्र व प्रशासनिक कौशलवाले लोगों के हाथों में हो। वे ऐसा प्रतिनिधि चाहते हैं, जो उनकी सभी जरूरतों को पूरा करने में सक्षम हो, जीवन स्तर व रहन-सहन के वातावरण को सुधारने में उनकी सहायता करे, प्रचलित सामाजिक समस्याओं के लिए समाधान उपलब्ध करवाए और उनमें से ही एक हो। वे सुरक्षित महसूस करना और पूरे तौर पर अपनी भलाई की भावना का आनंद महसूस करना चाहते हैं। मूलतः अधिकारों से ऐसे पदों पर ऐसे लोगों को आसीन देखना चाहते हैं, जो चरित्रवान् हो—ऐसे लोग, जो साझा दृष्टिकोण के साथ भरोसेमंद भी हों।

अफसोस की बात है कि बहुत से मामलों में इसका बिलकुल उलट हो रहा है। कई, हालाँकि इसमें सब शामिल नहीं हैं, कानून बनानेवाले ही कानून को तोड़ते हैं। ये कानून को कोसते हैं, जब उन पर ही कानून लागू

होता है। वास्तव में बहुत से लोगों ने इसे राजनीति बना लिया है। विभिन्न तरीकों से कानून तोड़ने, जैसे हिंसक राजनीतिक आंदोलन, दंगे, ड्यूटी पर तैनात लोक सेवक को रोकना या उन पर हमला करना, विरोधियों को मारना या चोट पहुँचाना, मानहानि, भ्रष्टाचार और महिलाओं के खिलाफ अपराध का करना।

दोषपूर्ण प्रणाली के कारण उनके खिलाफ आपराधिक मामलों की या तो रिपोर्ट ही नहीं लिखी जाती या उनकी जाँच कमजोर तरीके से की जाती है। उन पर अभियोग काफी हलके लगाए जाते हैं और मामले दशकों तक विचाराधीन पड़े रहते हैं। इस बीच वे जनता के बीच अपनी स्थिति को और भी मजबूत कर लेते हैं। जहाँ पर वे जानते हैं कि उनके खिलाफ विश्वसनीय सबूत हैं, वे बड़ी चतुराई के साथ गवाहों को अपने पक्ष में करने या निर्णय को निलंबित करवाने में सफल हो जाते हैं। कुछ मामलों को तो आरोप लगानेवालों द्वारा वापस करवाने में यह दावा करते हुए सफल हो जाते हैं कि यह राजनीतिक प्रतिशोध है।

उनकी पृष्ठभूमि का खुलासा निर्वाचन अधिकारी के समक्ष दाखिल किए गए उनके हलफनामे के द्वारा होता है, जिसे सार्वजनिक किया जाता है। इसके अतिरिक्त इंटरनेट भी काफी सारी जानकारियों का खुलासा करता है। जो पार्टी सत्ता में होती है, अपनी राजनीति शक्तियों का प्राय: इस्तेमाल करने के लिए जानी जाती है और पुलिस मुख्यालय उनको अनापत्ति प्रमाण-पत्र देकर उनकी सहायता करता है, उनके उम्मीदवारों को चुनाव में खड़े होने में सक्षम बनाता है; बल्कि वे ऐसा उस स्थिति में भी करते हैं, जब उनके अपने पुलिसवाले घायल हो जाते हैं।

राजनेताओं के इस वर्ग का चक्र बार-बार चलता रहता है। वे चुनावों में खड़े होते हैं, चुने जाते हैं और फिर से आम जनता के प्रतिनिधि बन जाते हैं। ऐसा उस स्थिति में भी होता है, जब वे अपनी जीत को बड़ी संख्या में विरोधी मतों के मुकाबले कुछ मतों से ही सुरक्षित करते हैं।

एक बार चुने जाने के बाद, चाहे उन्हें जीत किसी भी अंतर से प्राप्त हुई हो, वे यह दावा करते हैं कि वे अपने निर्वाचन क्षेत्र की जनता की आवाज हैं। लेकिन क्या हम वास्तव में उनको अपना प्रतिनिधित्व करते

तथा सभी के हितों की रक्षा करते हुए देखते हैं? क्या हम उन्हें नियमित तौर पर टाउन हॉल के माध्यम से परामर्श करते हुए देखते हैं, जहाँ पर लोग आ सकते हैं और स्वयं से संबंधित किसी भी विषय पर अपने प्रतिनिधि से सीधे तौर पर प्रश्न पूछ सकते हैं? क्या चुने गए प्रतिनिधि नियमित तौर पर शिकायतों व समस्याओं को सुनने के लिए आते हैं और लोगों के साथ छोटे-छोटे समूहों, बैठकों, पंचायत या रेजिडेंट वेलफेयर एसोसिएशन की मीटिंग्स में बैठकर परामर्श करते हैं? हम उन्हें केवल भवनों या परियोजनाओं का उद्घाटन करते हुए देखते हैं, जिससे उनका नाम उत्कीर्ण हो या उन्हें शादियों में शिरकत करते हुए देखा है, जहाँ पर वे दूल्हा-दुलहन के साथ फोटो खिंचवाते हैं और भारी-भरकम नकद उपहार देते हैं, जिसके माध्यम से वह परिवार सदा के लिए उनका आभारी और स्थायी तौर पर वोट बैंक बन जाए।

अन्य स्थानों पर हमने रॉबिन हुड की कहानियाँ सुनी हैं। उस समय को याद करें, जब डकैत देश के एक हिस्से में लूट मचाते हैं और अपने लूट के सामान को उन गाँववालों के साथ साझा करते हैं, जो उनको शरण देते हैं। अपराध के मार्ग पर चलकर प्राप्त किए गए धन को आपस में बाँटा जाता है। गरीब लोगों को खाना दिया जाता है, शादियाँ करवाई जाती हैं। ऐसे कई लोग हैं, जिनका चुनाव जाति के आधार पर और रॉबिन हुड के तरीके से होता है। आपको फूलन देवी याद है? इसी प्रकार से कानून को तोड़नेवाले कई लोगों को उनके द्वारा लाभ प्राप्त व्यक्ति उदारता के साथ स्वामी-भक्ति दिखाते हुए वोट देते हैं। अन्य कई अच्छे और कानून बनानेवालों के साथ वे लोग भी सदन एवं संसद् में प्रवेश करते हैं।

अन्नाजी के भ्रष्टाचार-विरोधी आंदोलन के समय हमसे एक प्रश्न हमेशा पूछा गया कि भ्रष्टाचार के खिलाफ प्रभावशाली कानून की माँग करनेवाले हम कौन होते हैं? किसने हमें इसके लिए नियुक्त किया? हम किसकी आवाज हैं? जब हम कहते कि हम वही लोग हैं, जिन्होंने मतदान किया तो वे कहते कि हम मतदान करनेवाले सभी लोग नहीं हैं। वे, जो चुनकर आए हैं, सभी का प्रतिनिधित्व करते हैं, लेकिन हम मात्र कुछ लोग हैं। हमसे कहा गया कि यदि हम लोकपाल कानून लाना चाहते हैं तो

हमें पहले चुनाव जीतकर आना होगा अथवा हम चुने गए प्रतिनिधियों से प्रश्न करनेवाले कोई नहीं होते।

खैर, यह ठीक उसी प्रकार है जैसे इलाज के लिए एक डॉक्टर के पास जाएँ और उससे सबसे सही इलाज की माँग करें और वह हमसे कहे कि पहले हम स्वयं आवश्यकतानुसार डॉक्टर या अध्यापक या प्रबंधक अथवा इंजीनियर बनें। यदि कानून बनानेवालों से सही कानून बनवाने का मात्र यही एक मार्ग है कि हम स्वयं कानून के निर्माता बन जाएँ तो फिर उन्हें इस प्रश्न का उत्तर देने की आवश्यकता है कि आप वहाँ पर किस काम के लिए हैं?

अब समय आ गया है कि चुने गए प्रतिनिधियों को यह संदेश दिया जाए कि वे भविष्य में हमारी बेहतरी के लिए किस प्रकार बदलाव कर पाएँगे और आनेवाले कल के लिए किस प्रकार एक बेहतर देश छोड़कर जाएँगे?

□

12

खेल का पासा पलटनेवाले की भूमिका में मतदाता

पिछले चुनाव, चाहे वह विभिन्न राज्यों के सदन के लिए अथवा दिल्ली नगर निगम के लिए जिस प्रकार संपन्न हुए, उसे देखकर यह बात स्पष्ट हो गई कि अब भारतीय मतदाता और अधिक सचेत तथा माँग करनेवाला हो गया है। हालाँकि चुनाव पाँच वर्ष में एक बार होते हैं, फिर भी वह अपने मत का मूल्य समझ गया है। अब वह अंकों के पीछे छुपी हुई शक्ति को जान गया है और यह भी समझ गया है कि प्रत्येक मत बहुमूल्य होता है।

मतदाताओं ने अब स्वयं को खेल का पासा पलटनेवाले की भूमिका में देखना आरंभ कर दिया है। वे अपने तरीके से सजा भी देते हैं और पुरस्कार भी। इसका साक्ष्य पाँच राज्यों व दिल्ली नगर निगम के चुनावों के दौरान मिला। मतदाता अब यह नहीं चाहता कि उसे हलके में लिया जाए। उनका संदेश अब और भी तीव्र व स्पष्ट हो गया है।

भारतीय मतदाता अब और भी चतुर हो गया है। अब वह अपनी सोच का खुलासा इतनी आसानी के साथ नहीं करता। वह शक्ति का चक्रव्यूह तोड़नेवालों को यह अंदाजा लगाते रहने की स्थिति में बनाए रखना सीख रहा है। वह चाहता है कि उसे सबसे बेहतर प्रतिबद्धता के साथ सम्मानित किया जाए। मजे की बात यह है कि अब वह यह भी जानने की कोशिश करने लगा है कि कानून के किन प्रावधानों के तहत

वह अपने साथ किए वायदों को पूरा न करनेवालों को कानूनी तौर पर जवाब देने के लिए बाध्य कर सकता है। कभी-कभी मतदाताओं का एक वर्ग अपने मत को कुछ उपहार अथवा मुफ्त पाने के लिए भी भुनाता है, लेकिन इसके बावजूद वह मतदान करते समय पूरी गोपनीयता बरतता है, जिससे कि वह वही करे, जो वह चाहता है।

इस उभरते हुए परिदृश्य के विपरीत लाखों की संख्या में मतदाता शामिल हैं। क्या हम मतदाताओं के लिए यह समय नहीं है कि हम चुनावों के बाद अपनी जिम्मेदारियों को पूरा करें? इसे भलीभाँति करने के लिए हमें इसके प्रति पूरी तरह से जागरूक होना होगा कि जिन्हें हमने चुनकर शक्ति दी है, उनसे क्या अपेक्षाएँ रखनी हैं और हम किस प्रकार उन्हें उनके द्वारा किए गए वायदों को पूरा करने के लिए सुनिश्चित या मजबूर कर सकते हैं।

इस विषय पर मैं अपने विचारों को लेकर दृढ़ हूँ। सर्वप्रथम व सर्वोपरि हमें उन आश्वासनों, वायदों, घोषणाओं और लिखित घोषणा पत्र को कतई नहीं भूलना चाहिए, जिसे विजयी उम्मीदवार द्वारा तैयार किया गया था। नागरिकों के समूहों को आवश्यक तौर पर नजर रखनी चाहिए, जिससे कि वे उनका मूल्यांकन करने के साथ चुने गए उम्मीदवार को याद भी दिला सकें। इसके साथ नागरिक समूहों को उनसे समूहों, संघों, सभाओं, प्रतिनिधित्व भाग के तौर पर अपनी बदलती आवश्यकताओं, जिन पर तत्काल ध्यान देने व काम करने की आवश्यकता है, के साथ बार-बार संपर्क करते रहना चाहिए।

हमें इस दिशा में हुए विकास पर भी नजर रखनी चाहिए। समय सीमा के भीतर कार्यों को पूरा करने के लिए कहे और मीटिंग समाप्त करने से पूर्व कार्य को पूरा करने के लिए अगली वचनबद्धता की तिथि अवश्य ले ले। वायदों को पूरा करने का दबाव सदैव बना रहना चाहिए। चुने गए प्रतिनिधि को यह पता होना चाहिए कि उसके पास समय पर अपने वायदों को पूरा करने के अतिरिक्त अन्य कोई विकल्प नहीं है, अन्यथा लोग उसके आश्वासनों पर विश्वास खो देंगे और गलत प्रतिबद्धताओं के लिए उसे कभी माफ नहीं करेंगे। अगले चुनावों में जब उसकी पार्टी या वह

लोगों के पास वोट माँगने के लिए जाएँगे तो उन्हें उनसे किसी प्रकार की सहायता प्राप्त नहीं होगी।

बहुत बड़े स्तर पर पैसे के गलत प्रयोग को देखकर हमें किसी मंच पर पैसे का लेन-देन या इस प्रकार की कोशिश नहीं करनी चाहिए और न रिश्वत का मार्ग अपनाना चाहिए। याद रखें, पैसा किसी भी प्रकार आसानी से नहीं आता। प्रत्येक रुपए को कमाना पड़ता है। राजनीतिक उद्देश्य की पूर्ति के लिए किए गए सभी दानों को चेक के माध्यम से दिया जाना चाहिए। दान देनेवाला व्यक्ति कर में राहत की माँग कर सकता है, क्योंकि राजनीतिक पार्टियों को दिए गए दान पर कर में छूट मिलती है। कभी नकद राशि वितरित न करें और न प्रणाली को दूषित करें। हमारे द्वारा नकद राशि के तौर पर दिए गए दान का बहुत बड़ा भाग शराब वितरण में खर्च किया जाता है। निस्संदेह इसमें अपवाद होता है और सभी उम्मीदवार दोषी नहीं होते।

सक्रिय नागरिकों को प्रत्येक छह माह पर अपने चुने हुए प्रतिनिधि के साथ टाउन हॉल मीटिंग की माँग अवश्य करनी चाहिए। इन टाउन हॉल मीटिंग्स में संगठित निकायों को जारी की गई नीतियों के अतिरिक्त अपने क्षेत्र से संबंधित विषयों पर चिंता प्रकट करनी चाहिए। वे अपने क्षेत्र के लिए प्रस्तावित विनियोग योजनाओं, बजट इत्यादि के लिए बोल सकते हैं। लोगों को प्रश्न अवश्य पूछने चाहिए और अपने क्षेत्र से संबंधित विषयों पर अपने विचार भी रखने चाहिए। कुछ वरिष्ठ नागरिकों को, जो गैर-पक्षपातपूर्ण व्यवहार के लिए जाने जाते हैं, को लोगों के बीच में से मीटिंग का संचालन करने के लिए चुनना चाहिए। उनमें से एक समूह को कुछ समय भी अवश्य लेना चाहिए। विषयों को उचित मर्यादा के साथ उठाया जाना चाहिए।

टाउन हॉल मीटिंग में समाज के सभी वर्गों, जिसमें युवा व स्कूली छात्र-छात्राओं (यदि उपस्थित हों) को समान रूप से प्रश्न करने का अवसर देना चाहिए। सबसे महत्त्वपूर्ण बात यह है कि मतदाताओं को इसके प्रति पूरी तरह से आश्वस्त होना चाहिए कि उनका चुना गया प्रतिनिधि उन्हें इस बारे में जानकारी दे कि पिछले माह में उसने अपने क्षेत्र या लोगों के

लिए क्या-क्या किया है। आदर्श रूप से टाउन हॉल मीटिंग छह माह में एक बार अवश्य होनी चाहिए।

इन मीटिंग्स के माध्यम से प्रतिनिधि को अपने निर्वाचकों से मिलने का मौका मिलता है। यदि उसके क्षेत्र के बारे में नया कोई चिंता का विषय है तो उसके बारे में उसे जानकारी प्राप्त होती है, किसी नई चुनौतियों से संपर्क साधने का मौका मिलता है और लोगों की प्रतिपुष्टि प्राप्त होती है। इसका अर्थ यह है कि प्रतिनिधि को अपने मतदाताओं को सुनने का मौका मिलता है और वह जिस सदन में अपने मतदाताओं का प्रतिनिधित्व कर रहा होता है, उसके सत्र में बैठने से पूर्व उसके पास अपने क्षेत्र से संबंधित सभी नवीनतम जानकारियाँ मौजूद होती हैं। इस प्रकार से वह अपने निर्वाचन क्षेत्र से संबंधित विषयों को उठाने के लिए मतदाताओं के साथ विश्वास की डोर को और भी मजबूत करने का प्रयास करता है।

वर्ष में कम-से-कम एक बार सभी सरकारी कर्मचारियों एवं अन्य कर्मचारियों के प्रदर्शन की समीक्षा की जाती है तो यही हमारे प्रतिनिधियों के लिए भी होना चाहिए। प्रदर्शन रिपोर्ट के पैमाने को संप्रेषण की गुणवत्ता, जवाब देने की गति, अभिगम्यता, कथित अखंडता, टाउन हॉल में आयोजित मीटिंग्स का स्तर, उनकी नियमितता, प्रतिबद्धताओं को दिया गया सम्मान, क्या वह लोगों के विचारों पर विचार करता है और उनका प्रतिनिधित्व पर्याप्त तौर पर करता है इत्यादि के आधार पर तय किया जा सकता है।

कल्पना करें कि तब क्या होगा, जब सभी निर्वाचक क्षेत्र अपने चुने गए प्रतिनिधियों की प्रदर्शन रिपोर्ट का मूल्यांकन करें तथा उसे प्रकाशित भी करें। तब हम शायद राजनीतिक प्रदर्शन में गिरावट को रोकने में सफल हो पाएँगे।

मतदान करना हमारा अधिकार है, लेकिन लोकतंत्र की जड़ों को पुष्ट करना हमारी जिम्मेदारी है।

□

13

परिणाम के बाद विधायकों को उनके वायदे याद दिलाना

मतदाताओं को जागरूक करने के अपने प्रचार अभियान के दौरान मैंने चुनावों के दौरान स्पष्ट तौर पर दिखनेवाले दुःख व चिंता और चुनावों के बाद की शंका को साझा किया।

पंजाब, उत्तराखंड और मणिपुर में मतदाता पहले ही सदन के लिए हुए चुनावों में अपना मतदान कर चुके हैं। उत्तर प्रदेश और गोआ में चुनावी प्रक्रिया जारी है। मतदाताओं ने अपना मतदान पूरी जिम्मेदारी के साथ किया है या नहीं, यह आनेवाला समय बताएगा। इससे मेरा तात्पर्य यह है कि उन्होंने वोट किसी लालच में आकर किया या सोच-समझकर तथा दृढ़ निश्चय के साथ इस बात का ध्यान रखते हुए किया है कि उनके द्वारा चुना गया प्रतिनिधि अपने प्रदर्शन के लिए जवाबदेह होगा।

वी.आई.पी. लोग हमारे, आम आदमी के, पास हाथ जोड़े हुए चुनावों के दौरान हमसे समर्थन माँगने के लिए आते हैं। वे मंच से बड़े-बड़े वायदे करते हैं—नौकरियों में और भी अधिक आरक्षण—बलात्कार की शिकार के लिए भी, और अधिक स्कूल—अध्यापकों के साथ अथवा उनके बिना और अधिक महिलाओं के लिए कॉलेज, बेहतर स्वास्थ्य सुविधाएँ (झूठी दवाओं के साथ?), सड़कें—बिना गड्ढों के, मुफ्त बिजली कनेक्शन—तब भी जब दिन भर बिजली नदारद रहे, उद्योग—तब भी जब वे प्रदूषण बढ़ाते हों, सुरक्षा—इसका आश्वासन देते हुए कि पुलिसवाले महिलाओं पर हाथ नहीं

उठाएँगे, कंप्यूटर—बिना बैटरी चार्जर के, किताबें और मुफ्त कुकिंग गैस—भगवान् जाने कैसे—काश वे भरपूर दें! वह यह सब क्यों करते हैं? क्योंकि आम आदमी बहुत महत्त्वपूर्ण है, लेकिन केवल तब तक जब तक उसका वोट नहीं मिल जाता।

लेकिन मतदाताओं को सही प्रश्न करने की आवश्यकता है। इन सबके लिए पैसा कहाँ से आएगा? संसाधनों को किस प्रकार से उत्पन्न किया, उधार लिया और खर्च किया जाएगा? कर्जों का भुगतान कौन करेगा या उन्हें वैसे ही बिना भुगतान किए कार्यकाल समाप्त होने तक छोड़ दिया जाएगा? इसके अतिरिक्त, क्या ये सभी वायदे पहली बार किए गए हैं? क्या इसी प्रकार के वायदे पिछले चुनावों के दौरान भी किए गए थे? क्या उन्हें पूरा किया गया था? अगर 'हाँ' तो किस सीमा तक और उनकी संतुष्टि का स्तर क्या था?

हम, मतदाता, इस विशालकाय भ्रष्टाचार एवं खराब प्रशासन प्रणाली को झेलने के अंतिम छोर पर होते हैं। हमें अपने साधारण से सुरक्षा घेरे को पार करने के लिए लंबी कतारों में लंबा इंतजार करने लिए ही बनाया गया है, फिर संभवतः हमसे यह कहा जाता है कि साहब मीटिंग में व्यस्त हैं और आपको पहले से समय लेकर उनसे मिलने के लिए आना चाहिए था। क्या वे जब हमसे वोट माँगने के लिए आते हैं तो पहले से समय लेकर आते हैं?

क्या मंत्री और सांसद हमारे कष्टों का निवारण करते हैं? क्या हम उनको उनके सभी तोड़े हुए वायदे उस समय याद दिलाते हैं, जब वे हमारे दरवाजे पर वोट माँगने के लिए दस्तक देते हैं?

पिछले वर्ष के अनुभव से यह खुलासा हुआ कि जब तक आम आदमी को अपनी परेशानियाँ व्यक्तिगत लगेंगी, वह उन्हें अपने काबू में मानकर चलेगा, जिसके लिए उसे संदर्भित या निर्देशित अथवा दूसरे मार्ग पर ले जाया जा सकता है। लेकिन जैसे ही वह एक समूह की समस्याओं का प्रतिनिधित्व करने के प्रयास करने लगता है, संभवतः वह मुसीबत में पड़ सकता है। उस व्यक्ति से पूछा जा सकता है कि आप कौन हो? या इन समस्याओं पर चिंता व्यक्त करने का आदेश आपको किसने दिया? या आप लोगों के प्रतिनिधि नहीं हैं। यह वही व्यक्ति है, जिसे आपने अपना बहुमूल्य वोट यह जताने के लिए दिया। आपके विचारों का प्रतिनिधित्व करने का उसके पास

विशेषाधिकार है, इसके लिए उसे चुना गया है। वह लोगों द्वारा चुना गया है और उसके पास यह अधिकार है। आप मात्र एक मतदाता हैं (कोई वोट बैंक नहीं), जिसने उन्हें वोट दिया है।

चुनावों से पहले प्रत्येक व्यक्ति का वोट उसके लिए काफी कीमती होता है। उसके लिए वह सादगीपूर्ण ढंग से एक झोंपड़ी में खाना खाने और संभवत: रात बिताने के लिए भी आ जाता है। लेकिन जैसे ही उम्मीदवार को मतदान के बाद सत्ता प्राप्त हो जाती है, उसकी भूमिका पूरी तरह से बदल जाती है। वह अगले पाँच सालों के लिए वास्तविक वी.आई.पी. बन जाता है। हम साधारण जनता, आम आदमी की तरह बने रह जाते हैं। हम लोग मतदान होने से कुछ सप्ताह तक नकली वी.आई.पी. बने हुए थे।

हमारा भाग्य उसी पल सील हो जाता है जिस पल हम ई.वी.एम. (इलेक्ट्रॉनिक वोटिंग मशीन) का बटन अपना वोट देने के लिए दबाते हैं। यहाँ पर प्रश्न यह है कि क्या कभी यह स्थिति बदलेगी?

हाँ, अवश्य बदलेगी। लेकिन कैसे?

एक बार जब परिणाम आ जाएँ तो हम एक नागरिक मतदाता के तौर पर एक शक्तिशाली लोकपाल व लोकायुक्त की माँग के लिए दबाव बनाएँ और उसका अनुसरण करें, जिससे यह आश्वस्त हो सके कि भ्रष्ट व्यक्ति का खुलासा होगा और चुराया गया धन फिर से राष्ट्रीय कोषागार में वापस आएगा। इस बार बजट सत्र मार्च के माह में है। हम सभी मतदाताओं को एक साथ मिलकर सामने आने के लिए तैयार रहना होगा। इसके लिए आप अन्ना हजारेजी के बुलावे का इंतजार करें। अपने चुनाव प्रचार में अधिकतर उम्मीदवार यह वायदा करते हैं कि यदि वे सत्ता में आ जाएँ तो वे आपकी सभी माँगों को पूरा करेंगे। हमें उन पर नजर रखनी होगी या समूहों में उनके घरों के बाहर कुछ भक्ति करनी होगी, जिससे कि उन्हें सात्त्विकता प्राप्त हो सके।

मतदाताओं को स्वच्छ राजनीति के लिए एकजुट होना होगा और सन् 2014 के आम चुनावों के लिए तैयार होना होगा। सदन के चुनाव तो अभ्यास मात्र हैं।

□

14

पहले आप अपनी आवाज सुनें, उसके बाद ही नेता आपकी सुनेंगे

अन्ना हजारे को सफलता क्यों मिली और सरकार को मानना पड़ा? ऐसा क्या था जिसने समस्त भारतीय संसद् को एकमत होकर प्रस्ताव पारित करने और अन्ना की तीन प्रमुख माँगों, जिनकी अन्ना के अनुसार आम आदमी को सबसे अधिक चिंता होती है, को स्वीकार करने के लिए मजबूर होना पड़ा। सबसे महत्त्वपूर्ण था—5 अप्रैल को जंतर-मंतर पर और 16 अगस्त को रामलीला मैदान में अनिश्चित काल के लिए किया गया अनशन, जिसकी उपेक्षा नहीं की जा सकती थी और उस पर ध्यान देना अनिवार्य था।

एक अन्य प्रश्न यह पूछा जाता है कि ऐसा क्या है, जिसने अन्ना हजारे को दृढ़ता के साथ जन लोकपाल बिल को लाने के लिए संवाद करने में सक्षम बनाया? क्या उसमें हमारे, आम जनता और हम चयनित वर्ग के सीखने के लिए कुछ सबक हैं?

टीम अन्ना का हिस्सा होने के कारण मैंने जन लोकपाल बिल के इस आंदोलन को लाभ के आवेग से तेजी से टकराव की ओर बढ़ते हुए भी देखा है। मैंने उन सत्ताधारी लोगों के इस आंदोलन पर प्रतिक्रिया करने के चलन को भी देखा है, जिन्होंने इस समूह को चरम सीमा तक पहुँचाया। वहाँ पर हमारे लिए दो महत्त्वपूर्ण सबक थे।

सबक एक

हमें आम जनता से शुरुआत करनी है। हम करोड़ों लोग अब तक मूक दर्शक बने हुए थे, अब हमें ऐसा नहीं करना। हम लोग व्यथित, शिकायत करते और विचारों में मग्न थे। हम लोग दोषारोपण कर रहे थे, बल्कि कोस भी रहे थे। हमने इस ओर से भी दूरी बना रखी थी। हमने अपना ध्यान स्वयं पर, अपने निकटतम व प्रियजनों, अपने परिवार और उन लोगों पर केंद्रित कर लिया था, जिनके लिए हम चिंतित होते हैं।

उन लोगों का क्या होगा, जिनका भाग्य हमारा यह आंतरिक चक्र है। हमने राजनीतिक बहस को त्याग दिया है और राजनेताओं, नाटकीय व्यवहार और विश्वासघात से मेल-मिलाप कर लिया है। जैसी भी परिस्थितियों की माँग हो, उसी के अनुसार हम उनका उपयोग करते हैं और वे हमारा। यह आपसी लेन-देन का संबंध था। मैं तुम्हें वोट दूँगा और गुप्त तरीके से वित्तीय सहायता भी प्रदान करूँगा और तुम जब भी मुझे आवश्यकता होगी, गुप्त ढंग से मेरी मदद करोगे।

इसलिए यह एक भुगतान पर आधारित संबंध था। लेकिन सामने से यह एक विनम्र स्वीकृति की भाँति प्रतीत होता था। वास्तव में यह कई मुखौटों में से एक होता था।

इस स्थिति ने अखबारों की सुर्खियों, विशेष लेखों, मामले के अध्ययन, काल्पनिक तौर पर तैयार लेखों, वक्तव्य नियमों, नियमित तौर पर लिखे जानेवाले कॉलमों, पुस्तकों, चर्चाओं, सेमिनारों, कार्यशालाओं, पॉलिसी ग्रुप, इस प्रकार के कार्यों के एकत्र की जानेवाली धनराशि, दूर व व्यापक तौर पर यात्रा करने, परामर्श दाताओं, समिति सदस्यों, परियोजना लेखकों, सलाहकार समूहों, विभिन्न प्रकार के कार्यकर्ता समूहों, कारणों के गठन, छोटे आंदोलनों और अन्य कई विषयों को फलदायी पृष्ठभूमि प्रदान की है।

ये सदस्य, जिनमें से कुछ बहुत ही सम्माननीय हैं, समानांतर तौर पर चलनेवाली बहसों, संवादों, चर्चाओं, गपशप, सूचना, बेचैनी, आलोचना, निराशावाद और गुस्से के प्रदर्शन को जीवंत बनाए रखते हैं। इन सभी के बहुत ही दृढ़ विश्वास के साथ अपने अधिकार व निर्वाचन क्षेत्र होते हैं।

कई स्थानों में ठेठ कर्कट संस्कृति थी—यदि मैं नहीं तो तुम भी नहीं।

सबसे बड़े लाभार्थी षड्यंत्रकारी राजनेता, सरकारी अधिकारी और अन्य पेशों के व्यक्ति व समूह होते हैं। इनमें स्व नियुक्त ब्रोकर भी सम्मिलित होते हैं। वे सभी कुलीन तंत्र-उपयोगकर्ता नेटवर्क में सुरक्षित होते हैं, जो राष्ट्रीय संपत्ति के आपसी दुरुपयोग या इस संबंध में असुरक्षा की मानसिकतावाले समूह के होते हैं।

लोगों की यह ऊर्जा, रचनात्मक या अन्यथा, कभी भी सार्वजनिक सहक्रिया नहीं बन पाई। यह एक साथ संयुक्त बल के तौर पर कभी नहीं आ सकती। बहुत से लोगों को बँटवारा भाता है। यथापूर्व स्थिति में बने रहना आदत थी। बहुत से लोगों ने लेन-देन के संबंध के साथ सामंजस्य स्थापित कर लिया। इस स्थिति में कुछ ईमानदार लोगों की आवाजें कहीं खो गईं। शक्ति के केंद्र, जो बड़ी संख्या से डरते थे, को कभी ऐसा नहीं लगा कि वे आवाजें उन्हें धमकाने के लिए पर्याप्त थीं। लोगों को भी कभी कोई ऐसा व्यक्ति नहीं मिला, जो उन्हें संगठित कर सकता और जिस पर वे विश्वास कर सकते थे। लेकिन लोगों में गुस्सा हर क्षण बढ़ता रहा।

देश ने साठ वर्षों से भी अधिक का समय छल-कपट करनेवाले और भ्रष्ट लोगों में बिता दिया। अन्ना के आंदोलन ने वंचितों में दबे हुए क्षोभ को उजागर कर दिया और जब इसने उन्हें एक साथ जोड़ा, इसने वर्गों में उस विभाजन को उजागर किया, जिसने अवांछनीय प्रकार की क्रियाओं के साथ समझौता किया हुआ था।

इससे यह सबक मिलता है कि जब तक हम, आम जनता, जो समाज के विभिन्न वर्गों से संबंध रखती है, स्वयं से ऊपर उठकर देश के हित के बारे में नहीं सोचेंगे, हम कभी बहुमत नहीं बन पाएँगे और उन्हीं लोगों के शोषण का शिकार बने रहेंगे जिन पर हमने अपनी सेवा करने की जिम्मेदारी सौंपी थी। देशभक्ति सबसे महत्त्वपूर्ण नैतिक मूल्य है, जिसे हमें अपने बच्चों में संचारित करने की आवश्यकता है और इसके प्रति भी आश्वस्त होना है कि वे इसे अपने व्यवहार में सम्मिलित करें। उसके पश्चात् ही हम अपने बच्चों के लिए बेहतर भविष्य के प्रति आश्वस्त होने में सक्षम हो पाएँगे।

और यदि हम इसे अपने व्यवहार में लाते हैं तो भारत को कभी अन्ना हजारे जैसे लोगों की कमी का सामना नहीं करना पड़ेगा।

सबक दो

राजनीतिक और सत्ताधारी वर्ग को इस भ्रम जाल में कतई नहीं रहना चाहिए कि वे आम जनता को हर समय भ्रमित या अनदेखा कर सकते हैं। अन्ना हजारे जी के आंदोलन के प्रारंभिक स्तर पर सत्ता के कुछ महत्त्वपूर्ण लोग इस धारणा में थे कि झूठे आश्वासनों के माध्यम से रखी गई माँगों के साथ निपटारा किया जा सकता है। लेकिन जैसे ही आंदोलन के साथ बड़ी संख्या में लोग तीव्र गति के साथ जुड़ने लगे, कुछ लोगों ने यह कहकर धमकी दी कि इसे कुचल दिया जाएगा। संदेश यह था कि केवल एक घंटे के लिए ध्यान देना रामलीला मैदान को साफ करने के लिए पर्याप्त है। दूसरे शब्दों में, जबरदस्ती करके अन्ना हजारे को वहाँ से हटाया जाएगा और हजारों की संख्या में जो लोग वहाँ पर जन लोकपाल बिल का समर्थन करने के लिए एकत्र हुए हैं, उनके लिए मात्र एक घंटे की आवश्यकता है।

इससे यह सबक सीखा गया कि चुने गए प्रतिनिधियों को ऐसा होना चाहिए और ऐसा बनाया भी जाना चाहिए कि वे नियमित तौर पर अपने निर्वाचन क्षेत्र के लोगों के साथ परामर्श करें, जिससे उनकी विशेष आवश्यकताओं व आकांक्षाओं को समझ सके। उन्हें पूरी सच्चाई व प्रभावशाली ढंग से पार्टी के आलाकमान तक पहुँचा सकें।

क्या ये दोनों सबक पहले नहीं सीखे गए हैं। इस देश में आधारिक संरचना की कोई कमी नहीं है। हमारे देश का उत्तर पूर्व इससे बेहतर ढंग से जुड़ा हुआ है, और हमारी कड़ी मेहनत से कमाए गए धन को विदेशी गंतव्यों के बाजारों में बेचा न जाए।

□

15

भरोसे में कमी

दुर्भाग्यवश आज के राजनेता लोगों का प्रतिनिधित्व करने हेतु चुने जाने के बावजूद उनसे संबंधित विषयों पर चिंता करने के मुद्दे पर सार्वजनिक तौर पर जनता का समर्थन नगण्य तौर पर ही प्राप्त करते हैं।

ध्यान देने योग्य तथ्य है कि वर्तमान में सांसदों के वेतन को 15,000 रुपए से बढ़ाकर 50,000 रुपए कर दिया गया। इसके अतिरिक्त उनको यात्रा करने, रहन-सहन और काम करने की शर्तों, सत्र में उपस्थिति इत्यादि के तौर पर मोटी भत्ता राशि भी दी जाती है।

बहुत से लोगों के अनुसार, राजनेताओं के वर्ग का बुराई का साथ देना अति अनिवार्य बन गया है। ऐसा तब भी होता है, जब आम जनता के इन प्रतिनिधियों को फूलों की मालाओं, उपहार व अपने आयोजनों में नियमित तौर पर आमंत्रित कर सम्मानित किया जाता है। गैर-राजनीतिक परिवारों में से अधिकतर यह नहीं चाहते कि उनके परिवार में से कोई भी राजनीति के क्षेत्र में जाए; क्योंकि वे अपने घर में किसी प्रकार का उपद्रव नहीं चाहते। जो परिवार पहले से ही राजनीति के क्षेत्र में हैं, स्वाभाविक तौर पर इस क्षेत्र में प्रवेश करते हैं, जिसे बहुत से लोगों द्वारा 'राजवंशीय राजनीति' की संज्ञा दी जाती है।

लोगों के राजनीतिक वर्ग ने, अपवाद को छोड़कर, आम जनता के विश्वास को खो दिया है। प्रायः वे जो कुछ भी कहते हैं, उसका वह अर्थ नहीं होता, जो वे कह रहे होते हैं। उन्हें अवसरवादी के तौर पर देखा जाता है और वे अपनी विश्वसनीयता को परिस्थितियों की माँग के अनुसार

बदल लेते हैं। उन्हें चापलूसों की तरह देखा जाता है। उनमें से अधिकांश को उनकी समझ से परे जीवन जीते हुए और सार्वजनिक संसाधनों को कोसते हुए देखा जाता है। उनके बच्चे भी दबंग बन जाते हैं। यह एक दुर्भाग्यपूर्ण वास्तविकता है। निश्चित तौर पर लोकतंत्र में रहनेवाला कोई भी व्यक्ति इसे स्वीकार नहीं करेगा।

टेलीविजन चैनल चौबीसों घंटे विधान सभाओं व संसद् में निर्वाचित सदस्यों के द्वारा अनुशासनहीनता के साथ उपद्रवी कृत्यों को मुसकराते हुए करते हुए दृश्य दिखाते हैं, जिन्हें देखकर मतदाता स्वयं को असहाय महसूस करते हैं और सोचते हैं कि काश, अस्वीकार करने का अधिकार या याद दिलाने का अधिकार उनके पास होता। इस प्रकार का कोई प्रावधान न तो कानून की किसी किताब में है और संभवतः न कभी होगा। चूँकि इस तरह के संशोधनों को केवल संवैधानिक परिवर्तनों के द्वारा लाया जा सकता है, तो क्या वे राजनेता ऐसा करेंगे?

इस लेख को लिखते समय एक खबर कि उत्तर-पूर्व के एक राज्य के पूर्व मुख्यमंत्री को 1,000 करोड़ रुपए के घोटाले में सम्मिलित होने के आरोप में गिरफ्तार किया गया। वह उस राज्य के सबसे युवा मुख्यमंत्रियों में से एक था और कई वर्षों तक मुख्यमंत्री की कुरसी पर बना हुआ था। मुझे अपने पुलिस करियर में उस क्षेत्र में काम करने के दौरान अपने कई साथी याद हैं, जिनके साथ बातचीत के दौरान मुझे उस व्यक्ति के भ्रष्ट कार्यों के बारे में पता चला। अंततः उसको जनहित याचिका पर आधारित न्यायिक हस्तक्षेप के माध्यम से पकड़ा गया।

एक और नक्सल प्रभावित राज्य के भ्रष्ट पूर्व मुख्यमंत्री, जो जेल में हैं, पेरौल पर जेल से बाहर आकर संसद् के सत्रों में हाजिरी लगा रहे हैं।

संसद के सदस्यों द्वारा अपने वेतन में इजाफे की माँग करना गंभीर रूप से आपत्तिजनक हैं। सर्वप्रथम इसलिए, क्योंकि लोग (आम जनता) ऐसा महसूस करते हैं कि राजनेताओं में पूर्ण रूप से भरोसे की कमी के कारण वे इसके योग्य नहीं हैं। ऐसी मान्यता है कि उनके पास पहले से ही बहुत अधिक धन होता है। यह सार्वजनिक तौर पर सबको ज्ञात है कि आधे से भी अधिक (लगभग 300) सांसद करोड़पति हैं।

मेरे विचार से बढ़ोतरी हो या नहीं हो, हमें चुने गए सभी राजनीतिक प्रतिनिधियों के लिए प्रदर्शन के आधार पर मूल्यांकन, रिपोर्ट कार्ड प्रणाली को मूल्यांकन के तौर पर विकसित करना चाहिए। उनके प्रदर्शन का मूल्यांकन ठीक उसी प्रकार होगा जैसे वे अपनी पार्टी का घोषणा-पत्र जारी करते हैं, सार्वजनिक तौर पर वायदे करते हैं और अपने निर्वाचन क्षेत्र में विकास के लिए धनराशि प्राप्त करते हैं।

यह उन लोगों के अधिकार-क्षेत्र में नहीं है, जिन्होंने अपने प्रतिनिधि का चुनाव किया है कि उनके नेता उस धनराशि के साथ क्या किया और उसके किए गए वायदों का क्या हुआ? ठीक प्रकार से मूल्यांकन के लिए विशिष्ट प्रदर्शन के क्षेत्र बहुत सारे हो सकते हैं। इनमें से प्रमुख हैं—क्षेत्र का प्रतिनिधि चुने जाने के बाद खोले गए नए स्कूलों की संख्या, खोले गए नए औषधालयों की संख्या, सुरक्षा घेरे को बढ़ाने के लिए सामुदायिक पुलिस व्यवस्था को जुटाना, नौकरियों की संख्या में बढ़ोतरी, सड़कों का सुधार, स्थानीय प्रशासन की गुणवत्ता, बच्चों की देखभाल व लिंग भेदभाव का मुद्दा, वातावरण और इसी प्रकार कई अन्य। चुने गए प्रतिनिधि के लिए आवश्यक है कि वह सक्रिय नेतृत्व उपलब्ध करवाए, बदलाव के लिए टीम का निर्माण और लोगों की आवश्यकताओं के प्रतिनिधित्व के माध्यम से उत्प्रेरक के तौर पर काम करें।

एक उपर्युक्त मार्ग यह होगा कि चुना गया नया प्रतिनिधि जो कुछ भी सहज रूप से ग्रहण किए हुए हैं और जो भी वह भविष्य में करेगा, किया हो, आश्वासन, प्रचार, समर्थन, पहल, देखरेख, प्रेरणा, शीघ्रता, प्रस्तावित, जोड़ना, बदलाव, सुधार और इसी प्रकार का अन्य कार्य करेगा, उसे प्रकाशित करे और उसकी घोषणा करे।

प्रदर्शन का मूल्यांकन करनेवालों की एक स्वतंत्र टीम तथा समाज के गैर- राजनीतिक सदस्य मिलकर जनता के प्रतिनिधि के प्रदर्शन का मूल्यांकन वार्षिक तौर पर कर सकते हैं और उसे आम जनता को सूचित करने के लिए जारी कर सकते हैं। औसत दर्जे की रेटिंग के साथ प्रदर्शन का मूल्यांकन प्रतिनिधि के अच्छे व खराब प्रदर्शन को दरशाएगा, जिसके आधार पर या तो उसको प्रशंसा प्राप्त होगी या परेशानी। कम से कम

मतदाताओं को उद्देश्यात्मक मूल्यांकन के माध्यम से प्रतिनिधि के प्रदर्शन के बारे में पता होगा, जो उन्हें भविष्य में उसे स्वीकार या अस्वीकार करने में समक्ष करेगा।

चुने गए प्रतिनिधि के प्रति गैर-पक्षपातपूर्ण व्यवहार बनाए रखने के लिए कार्यक्षेत्र व निर्वाचन स्थल के भीतर की चुनौतियों व सीमाओं को भी सूचीबद्ध किया जाए। इस सूची में गैर-उपलब्धता या दुर्लभ संसाधन या अप्रत्याशित आपदाएँ, जिनके घटित होने की संभावना हो, को सम्मिलित किया जा सकता है।

जिसका मूल्यांकन किया जाए उसमें दृश्यता, अखंडता, वचनबद्धता और जनता के प्रतिनिधि द्वारा दिखाई गई सक्रिय पहल और वह अपने वायदों पर खरा उतरा या नहीं, को शामिल किया जाए।

जैसाकि हम जानते हैं कि अभी तक मूल्यांकन की कोई प्रणाली नहीं है। यहाँ पर कोई उद्देश्यात्मक मूल्यांकन नहीं है। लोग अपना मतदान करने के लिए अनिच्छापूर्वक जाते हैं। उन्हें इस बारे में कोई जानकारी नहीं होती कि जिसको वे अपना मत देने जा रहे हैं, वह उसके योग्य है भी या नहीं। क्या उनके पास अन्य विकल्प भी मौजूद हैं?

इन सभी पर विचार करते हुए यह पता चलता है कि यदि भारत को इस बढ़ते हुए भ्रष्टाचार व प्रशासन में अदक्षता से बचाना है तो इस देश की कायापलट की तत्काल की आवश्यकता है।

□

16

सरकार को चेतावनी दी गई, लेकिन असफल हो गई

देश तेजी से पैर पसारते भ्रष्टाचार रूपी आम आदमी के शत्रु के खिलाफ उठकर एक अभूतपूर्व लहर का साक्षी तब बना जब अन्ना हजारे, जिन्हें 'आधुनिक भारत के गांधी' की संज्ञा भी दी गई, द्वारा एक संयुक्त प्रारूप की माँग, जिसे सरकार और समाज के प्रतिष्ठित सदस्यों द्वारा एक प्रभावशाली भ्रष्टाचार–विरोधी कानून जिसे 'जनलोकपाल बिल' कहा गया को लाने के लिए तैयार किया जाए, करते हुए अनिश्चित काल के लिए अनशन पर बैठने की घोषणा की गई।

भ्रष्टाचार के मुद्‌दे ने सभी के मन को आहत किया और इसके लिए एक ऐसे विश्वसनीय चिंगारी की आवश्यकता थी, जो पीड़ितों में जोश भर सके तथा उन्हें इसके खिलाफ एकजुट कर सके।

जब अन्ना हजारेजी द्वारा 5 अप्रैल को दिल्ली में अनिश्चितकालीन अनशन की शुरुआत की गई तो कुछ वर्गों को छोड़कर भारत की जनता उनके साथ खड़ी हो गई। वहाँ पर पुरुष व महिलाएँ, युवा व बुजुर्ग, शहरी व ग्रामीण युवा, भारत में एवं उससे बाहर रहनेवाले और स्कूल के बच्चे तक भी अन्ना का नारा लगा रहे थे। यह एक ऐसा संकेत था, जिसे स्वतंत्रता–प्राप्ति तथा '70 के दशक में जयप्रकाश नारायण द्वारा चलाए गए आंदोलन के बाद से भारत में कभी नहीं देखा गया था।

उसके बाद से विरोधियों द्वारा एक प्रश्न उठाया गया कि क्या अन्ना हजारे संपूर्ण व्यवस्था प्रणाली को ब्लैकमेल नहीं कर रहे?

अंदर की कहानी इस प्रकार है। किस प्रकार इसकी शुरुआत हुई।

अन्ना ने अनशन पर बैठने का फैसला रातोरात नहीं लिया था। इंडिया अगेंस्ट करप्शन में उन्होंने और उनकी टीम ने सरकार को जन लोकपाल बिल का एक वर्किंग ड्राफ्ट प्रस्तावित किया, जिसका निर्माण समाज के प्रमुख दिग्गजों शांति भूषण, प्रशांत भूषण, संतोष हेगड़े और आर.टी.आई. के लिए काम करनेवाले अरविंद केजरीवाल द्वारा कई बार परामर्श करने तथा महीनों की मेहनत के बाद किया गया। यह सरकार द्वारा बनाए गए कमजोर लोकपाल बिल के जवाब में बनाया गया था। अगर सरकार द्वारा प्रभावशाली लोकपाल बिल को तैयार किया गया होता तो लोगों को विरोध करने की आवश्यकता क्यों होती?

सबसे प्रमुख बात यह थी कि जब अन्ना को लगातार प्रयास करने के बावजूद सरकार की ओर से कोई संतोषजक प्रतिक्रिया प्राप्त नहीं हुई तो उन्होंने प्रधानमंत्री को एक बार फिर अपने संकल्प की ओर संकेत करता हुआ एक अंतिम पत्र लिखा।

अन्ना का पत्र इस प्रकार था, जो उन्होंने अनशन पर जाने से लगभग एक माह पूर्व प्रधानमंत्री को भेजा—

दिनांक : 8 मार्च, 2011

डॉ. मनमोहन सिंह,

भारत के प्रधानमंत्री, नई दिल्ली।

विषय : जन लोकपाल बिल के संबंध में हमारा वार्त्तालाप।

प्रिय डॉ. सिंह,

हम आपको इंडिया अगेंस्ट करप्शन की टीम को आपके द्वारा दिखाई गई शालीनता के लिए आपका धन्यवाद करते हैं, जब हम आपसे आपके आमंत्रण पर जन लोकपाल बिल पर चर्चा करने हेतु मिले।

इस समय जब सारा देश भ्रष्टाचार के कारण रिस रहा है, हम आपकी उस अभिव्यक्ति को लेकर चिंतित हैं, जब आपने 13 मई तक संसद् सत्र के चलने और आनेवाले चुनावों के कारण भ्रष्टाचार के खिलाफ कदम उठाने में अपनी असमर्थता व्यक्त की। हमने यह सुझाव दिया कि 25 मार्च के बाद हम मंत्रियों के समूह की उपसमिति की आई.ए.सी. के प्रतिनिधियों के साथ

एक सांकेतिक मुलाकात की जा सकती है। इस सांकेतिक मुलाकात के बजाय हमने महसूस किया कि यदि निम्न कदम उठाए जाएँ तो एक वास्तविक शुरुआत की जा सकती है—

1. जैसाकि मेरे द्वारा आपको लिखे पिछले पत्रों में उल्लेखित था, सरकार को तत्काल ही जन लोकपाल बिल समिति (जे.एल.बी.सी.) का गठन करना चाहिए, जिसमें समाज से पाँच प्रतिष्ठित सदस्यों (जिनका सुझाव आई.ए.सी. द्वारा दिया जाएगा) तथा सरकार से भी समान संख्या में सदस्यों को सम्मिलित किया जाए, जो सरकार की ओर से लोकपाल बिल का प्रारूप तैयार करें। इस समिति की अध्यक्षता समाज के प्रतिष्ठित प्रतिनिधि द्वारा की जाए।
2. जन लोकपाल बिल समिति आई.ए.सी. द्वारा तैयार किए गए जन लोकपाल बिल को वर्किंग ड्राफ्ट मानकर चलेगी।
3. जनलोकपाल बिल समिति अपनी फाइनल रिपोर्ट 13 मई, 2011 तक प्रस्तुत करेगी।
4. इस समिति द्वारा प्रस्तुत की गई रिपोर्ट को अंतिम रिपोर्ट समझा जाना चाहिए और किसी अन्य समिति द्वारा की जानेवाली जाँच के अधीन नहीं होनी चाहिए। इसलिए हम यह अपील करते हैं कि सरकार के उन कुछ लोगों को इसमें सम्मिलित न किया जाए, जिनके पास या तो सीधे तौर पर निर्णय लेने का अधिकार है या जिनका संबंध सीधे तौर पर निर्णय लेनेवालों से हो।
5. सरकार द्वारा उपर्युक्त तरीके से तैयार जन लोकपाल बिल को संसद् के मानसून सत्र में इस विचार के साथ पेश किया जाए कि वह इस वर्ष के अंत तक दोनों सदनों में इसे पास करा लेगी। आपने भेंट के दौरान यह वायदा किया था।

जब तक सरकार उपर्युक्त कदमों को कार्यान्वित करके भ्रष्टाचार के खिलाफ कार्रवाई करने के अपने इरादों का प्रदर्शन नहीं करती है, मेरा 5 अप्रैल से अनिश्चित काल के लिए अनशन पर बैठने का फैसला अटल है।

भवदीय

(अन्ना हजारे)

पहले किए गए ये प्रयास क्या पर्याप्त चेतावनियाँ नहीं थीं?

(आप सरकार को भेजे गए पिछले पत्रों को भी आई.ए.सी. की वेबसाइट www.indiagainstcorruption.org पर देख सकते हैं)। क्या अब सरकार या अन्य कोई भी व्यक्ति यह कह सकता है कि उन्होंने सरकार को ब्लैकमेल किया?

अन्ना अनिश्चितकालीन अनशन पर इसलिए बैठे, क्योंकि सरकार ने इस माँग पर ध्यान न देना जारी रखा हुआ था। वह ऐसा प्रदर्शित कर रही थी कि वह भ्रष्टाचार के इस उग्र रूप से निपटने के लिए युद्ध स्तर की तैयारियाँ करने की शीघ्रता में नहीं है।

आई.ए.सी. द्वारा जो जन लोकपाल बिल तैयार किया गया, उसमें सभी स्तर के अधिकारियों को सम्मिलित किया गया था और मंत्री से लेकर संतरी तक के अनुसरण का आश्वासन दिया गया था। इसमें नौकरशाह व जज भी सम्मिलित थे; लेकिन किसी भी बाहरी दबाव से अलग रखा गया था, क्योंकि वे कानून की प्रक्रिया का पालन करने के लिए पूरी तरह से जवाबदेह होते हैं। यह बेईमानी से जमा की गई संपत्ति को जब्त करने का मार्ग प्रशस्त कर रहा था। इनमें से कोई भी लक्षण सरकार द्वारा बनाए गए लोकपाल बिल में नहीं थे।

अन्ना के अनशन को संसद् द्वारा घोटालों पर बहस करते समय सामूहिक तौर पर प्रभावशाली कानून की माँग करते हुए रोका जा सकता है। लेकिन ऐसा नहीं हुआ। इसके बाद ही आम समाज के लोगों को अपनी भूमिका निभाने के लिए इसमें कूदना पड़ा।

चूँकि अन्ना के व्यक्तिगत बलिदान ने भारत की पीड़ित जनता का ही राग अलापा, क्या इसे जनता द्वारा ब्लैकमेलिंग कहेंगे? या यह उच्चतम स्तर की ईमानदारी है, हमें उसी राह की याद दिलाती हुई जिस पर चलकर हमने 63 वर्ष पूर्व स्वतंत्रता हासिल की थी? इसने भारत के युवा वर्ग को एकजुट कर दिया। उन्हें एक और लड़ाई—व्यापक तौर पर फैले भ्रष्टाचार से लड़ने के लिए गांधी जैसे एक और महान् पुरुष का साथ मिल गया। यहाँ अंतर सिर्फ इतना है कि इस बार लड़ाई हमारे अपने लोगों—वे लोग, जो लालच और झूठ के आदी हो चुके हैं, के खिलाफ है।

□

17

रक्षक को भक्षक बनने से कैसे रोका जाना चाहिए

दिल्ली के रामलीला मैदान में जन लोकपाल बिल के लिए व्यापक तौर पर किए गए प्रदर्शन के दौरान मैं 'अन्ना की पाठशाला' को हजारों की संख्या में उपस्थित लोगों के लिए वहाँ पर लगाती थी। इसका अर्थ था लोगों को यह समझाना कि हम लोग वहाँ पर किसलिए एकत्र हुए हैं और अब हमें उचित प्रकार के कानून की आवश्यकता क्यों है। साथ ही, यदि देश को भ्रष्टाचार से लड़ने के लिए प्रभावशाली कानून मिल जाता है तो हममें से प्रत्येक को क्या लाभ मिलेगा।

मैंने लोगों को याद दिलाया कि क्या उन्हें पता है कि यदि वे किसी रिश्वत या भ्रष्टाचार के खिलाफ रिपोर्ट करना चाहते हैं तो उन्हें कौन सा नंबर डायल करना होता है। इसका जवाब शायद ही किसी को मालूम था।

कोई भी इस बात के प्रति आश्वस्त नहीं था कि ऐसी स्थिति में वे कहाँ जा सकते हैं और वे किसके पास रिपोर्ट कर सकते हैं और क्या भ्रष्टाचार भी अन्य हिंसात्मक अपराधों या संपत्ति से जुड़े अपराधों जैसे चोरी, जबरन वसूली, भरोसा तोड़ना और धोखाधड़ी की श्रेणी में आता भी है या नहीं। बल्कि लोगों को यह भी पता है कि रिश्वत माँगना या देना कानून की किसी धारा के अंतर्गत अपराध माना जाता है या नहीं। क्या उन्हें पता है कि इससे संबंधित किसी अपराध के होने पर वे 100 नंबर पर फोन कर पुलिस को बुला सकते हैं या नहीं। लेकिन जब मैंने उनसे पूछा

कि भ्रष्टाचार के अपराध के लिए वे पुलिस को फोन क्यों नहीं करेंगे, वे सभी हँसने लगे और एक साथ बोले, क्योंकि पुलिस स्वयं ही भ्रष्ट होती है।

यह स्थिति किस प्रकार से सुधरेगी, जब रक्षक ही भक्षक बन गया हो? दरवाजे पर रखवाली के लिए जिस व्यक्ति को रखा गया है, स्वयं उस पर ही निगरानी रखने की आवश्यकता है, जैसाकि अन्नाजी कहते हैं। एक समाज के लिए यह सबसे खराब परिस्थिति है। इसके बहुत से कारण हैं। लेकिन प्रमुख कारण पुलिस सेवा है। देश स्वयं को आजादी से पूर्व की राजनीतिक प्रणाली और नौकरशाहों द्वारा पुलिस पर नियंत्रण रखने की अवस्था से निकलने के लिए कानूनी तौर पर कुछ नहीं कर पाया और वह इसमें सुधार के लिए भी कुछ नहीं कर पाया।

हम यह कब सुनते हैं कि कोई एस.एच.ओ. या इंस्पेक्टर किसी शीर्षस्थ राजनेता, अधिकारी, वरिष्ठ अफसर या व्यावसायिक प्रमुख को भ्रष्टाचार के लिए नामजद किया या उस पर आरोप तय किया? ऐसा तब होता है जब वह बहुत से आम आदमियों को, जो इस प्रकार के अपराध में नामजद हैं और प्रतिदिन कानून का उल्लंघन होता है।

क्या हमारा अर्थ यह है कि 3 राज्यों और केंद्र-शासित क्षेत्रों में लगभग 16 लाख पुलिसवालों की तैनाती के साथ-साथ राज्य की आपराधिक शाखा, भ्रष्टाचार-विरोधी ब्यूरो, विशेष जाँच इकाई, आर्थिक अपराध विंग, सतर्कता विभाग, खुफिया यूनिट और 13,000 से भी अधिक पुलिस स्टेशनों के बावजूद सैकड़ों की संख्या में जो जाने-पहचाने घोटाले हुए हैं, उनका कभी पता नहीं चलेगा अथवा वे कभी जाँच के दायरे में नहीं आएँगे। उनमें शामिल दोषियों को कभी सफलतापूर्वक न तो गिरफ्तार किया जाएगा और न ही उन पर कभी मुकदमा चलेगा?

क्या सचिवालय में बैठा कोई भी अधिकारी और राज्य के पुलिस प्रमुख को यह नहीं पता कि क्या हो रहा है? यदि वे जानते थे तो उन्होंने इसके लिए क्या किया? और यदि वे नहीं जानते थे तो उन्हें इसके बारे में क्यों नहीं पता था? क्या किसी को भी अच्छा प्रदर्शन न करने या भ्रष्टाचार की सूचना नहीं करने के लिए सजा दी गई?

और सन् 2005 में सूचना का अधिकार कानून के लागू होने से पूर्व क्या हो रहा था? क्या हम ऐसा कहना चाहेंगे कि उससे पहले किसी प्रकार का भ्रष्टाचार नहीं हो रहा था?

सत्य तो यह है कि हमारे राजनीतिक व नौकरशाही शासन प्रणाली, नियुक्ति, स्थानांतरण, निलंबन, विभागीय तौर पर किए गए सौदों, पदोन्नति और सेवानिवृत्ति के पश्चात् दोबारा नियुक्त करने के अधिकार का दुरुपयोग करके पुलिस प्रणाली को अपना गुलाम बना लेती है। वे सचिवालय में अपने साथ पर्याप्त वित्तीय शक्ति भी रखते हैं।

वास्तविकता तो यह है कि किसी के खिलाफ एफ.आई.आर. लिखवाने के लिए भी प्रबल रूप से राजनीतिक प्राधिकारी वर्ग की विशेष स्वीकृति और समर्थन की आवश्यकता होती है।

तो फिर इसका समाधान क्या है?

हमें सन् 1861 के पुलिस अधिनियम को आवश्यक तौर पर बदलकर ऐसा अधिनियम लाना होगा, जो आज की पुलिस की माँगों को पूरी तरह से पूरा करे। पुलिस बिल के एक नमूने को तैयार कर लिया गया है और वह केंद्र सरकार के साथ विचाराधीन है।

उच्चतम न्यायालय के फैसले में भले ही यह घोषणा कर दी गई हो कि पुलिस कानून के प्रति उत्तरदायी है, लेकिन पुलिसवाले और कानून के बीच सभी स्तरों पर राजनीतिक तौर पर शक्तिशाली लोगों का एक पूरा वर्ग स्थापित होता है, जो कार्य करता है और यह निर्णय लेता है कि क्या किया जाना चाहिए। इसमें पुलिस का नेतृत्व भी सम्मिलित होता है, जिनके अधीनस्थ राजनेता और नौकरशाही तंत्र के अफसर तथा अन्य रैंक और फाइल के अनुसार कनिष्ठ अधिकारी सम्मिलित होते हैं।

मैंने जो कुछ भी कहा, उसमें महत्त्वपूर्ण अपवाद भी है। लेकिन इस बात की सच्चाई यह है कि क्यों एक प्रणाली के तौर पर भारतीय पुलिस स्वतंत्र नहीं है। व्यक्तिगत तौर पर यह भले ही हो, लेकिन जब तक इस प्रणाली में सुधार नहीं होगा, व्यक्तिगत तौर पर बहुत ही कम मात्रा में काम होगा।

यदि वर्तमान भ्रष्टाचार-विरोधी आंदोलन अपनी जड़ें लोकपाल बिल

को वास्तविकता का जामा पहनाने के साथ जमा लेता है तो ऐसी उम्मीद की जाए कि संसद् के शरद् ऋतु के सत्र में एक चीज को तत्काल करने की आवश्यकता है। वह यह कि पुलिस को राजनीतिक और नौकरशाहों के नियंत्रण से पूरी तरह से आजाद करना।

जैसाकि सन् 2006 में उच्चतम न्यायालय द्वारा दिए गए एक फैसले में सुझाया गया कि पुलिस सुरक्षा की कमान एक राज्य पुलिस सुरक्षा आयोग या बोर्ड के हाथों में सौंप दी जाए। इस बोर्ड में राज्य के गृह मंत्री, प्रमुख सचिव, गृह सचिव, विपक्षी दलों के नेता, समाज के प्रतिष्ठित व्यक्ति को प्रतिनिधि के तौर पर और पुलिस महानिदेशक को सदस्य सचिव के तौर पर सम्मिलित किया जाए।

संभवतः उच्चतम न्यायालय स्वयं उसके आदेश को अक्षरशः कार्यान्वित किए जाने का आश्वासन नहीं दे सकता। उसके पास पहले से ही इसकी निष्क्रियता के लिए अवमानना याचिका विचाराधीन है।

जब तक यह नहीं हो जाता, पुलिस मुख्यालय भ्रष्टाचार के मामलों पर मात्र दर्शक ही बना रहेगा। लोकपाल और लोकायुक्तों को राजनीतिक प्रभाव से मुक्त रखते हुए मिलकर काम करने और जैसाकि जन लोकपाल बिल में प्रस्तावित है, मुखबिरों को कानूनी सुरक्षा प्रदान करने और सूचना देनेवालों को पुरस्कार देने जैसी योजनाओं को आधार बनाकर पुलिस को फिर जानदार बनाना होगा।

यदि ऐसा होता है तो हम अपने जीवन काल के उस आमूल परिवर्तन को देखेंगे।

□

18

जी हाँ, मना करने का विकल्प आपके पास है

टीम अन्ना की सदस्या होने के नाते मैं उत्तर प्रदेश के इलाहाबाद, वाराणसी, अयोध्या, गोंडा, बस्ती, फतेहपुर, चंदौली और कई अन्य स्थानों पर आयोजित मतदाताओं को जागरूक करने के लिए सार्वजनिक तौर पर आयोजित सभाओं में उपस्थित होती थी।

उन सभाओं में मुझे सबसे पहले यह महसूस होता था कि हमारे देश में आम आदमी को पिछले चौंसठ वर्षों में कुछ अपवादों को छोड़ दिया जाए तो राजनेताओं व नौकरशाहों के हाथों परिहार्य यातना झेलनी पड़ी है। मैं ऐसा इसलिए कह सकती हूँ, क्योंकि वे राजनेता और नौकरशाह ही हैं, जो देश का संचालन और प्रशासन का कार्य देखते हैं।

प्रत्येक जिले में यथासमय सरकारी अधिकारियों की नियुक्ति की जाती है, जो प्रतियोगी परीक्षाओं, चयन प्रक्रिया और फिर उसके बाद प्रशिक्षण अकादमियों से पास होकर आते हैं। नियुक्ति होने के बाद वे नौकरी की सुरक्षा का अपने प्रदर्शन से कोसों दूर होकर पूरा आनंद उठाते हैं। वे उस आम आदमी के प्रति अपनी कोई जवाबदेही नहीं मानते, जो उनके वेतन व अन्य खर्चों का भुगतान अपनी जेब से करता है।

इसी प्रकार, प्रत्येक जिले में यथासमय सभी स्तरों—गाँव, उपविभाग, शहरी व ग्रामीण स्तरों पर जनता द्वारा चुने गए प्रतिनिधियों की भी ताजपोशी होती है। उन्हें लोगों द्वारा चुना जाता है और ऐसी उम्मीद की जाती है कि वे उनके प्रति उत्तरदायी होंगे। लेकिन हमारे देश का प्रजातंत्र, पैसा और

व्यक्तिगत ताकत आम आदमी को पराजित कर देता है। इसलिए हम कुप्रशासन और खराब शासन का दर्द झेलते हैं। एक और अन्य कारण राजनेताओं व नौकरशाहों के बीच मौजूद गठजोड़—शून्य जवाबदेही और विशालम स्तर का भ्रष्टाचार है। प्रत्येक आम आदमी, उसके पैसे एवं मत के मूल्य पर और भी अधिक अमीर व सुरक्षित होते जा रहे हैं।

चुने गए प्रतिनिधि और चयनित नौकरशाही तंत्र ने लोगों को पूरी तरह से निराश किया है। यह कहना गलत नहीं होगा कि हमने जो कुछ भी प्राप्त किया है, वह उनके कारण नहीं अपितु उनके बिना प्राप्त किया है। वे गरीबों व अनपढ़ लोगों के लिए जो पैसे थे, उसपर अपना जीवन जिए हैं। उनके प्रशासन को इस प्रकार से डिजाइन किया गया है कि आम आदमी को वंचित व दास बनाकर रखा जाए।

आम आदमी को अपनी दिन प्रतिदिन की जीविका को चलाने के लिए जंग लड़नी पड़ती है, जिसके बाद उसके पास किसी अन्य चीज के लिए न तो समय बचता है और न ही शक्ति। ऐसी परिस्थिति में सत्ता पक्ष पर सवाल उठाने की बात तो भूल ही जाएँ। वह लगातार एक से दूसरी आवश्यकता—कैरोसिन तेल, राशन, पानी का टैंकर, स्कूल में दाखिला, अस्पताल, दवाइयाँ, उर्वरक और अब मनरेगा के तहत मिलनेवाले वेतन को पूरा करने के लिए पंक्ति में खड़ा रहता है।

मैंने जितनी भी सभाओं में जनता को संबोधित किया, हर बार सैकड़ों व हजारों की संख्या में उपस्थित लोगों से अपील की कि वे मतदान करने के लिए जाएँ। पर उन्होंने पूछा, किसके लिए? मैंने कहा, साफ छवि के उम्मीदवार के लिए। उन्होंने कहा, कौन सा? मैंने कहा, आपको उसे खोजना होगा। उन्होंने कहा, आप उन्हें पहचानने में हमारी मदद करें। मैंने कहा, आपको जानना होगा। उन्होंने कहा, हम नहीं जानते या यदि वे कुछ को जानते हैं तो उनमें से कोई भी योग्य नहीं है।

हम हर बार चक्कर खा जाते थे।

फिर मैं उनको जनता के प्रतिनिधित्व अधिनियम के 49-ओ नियम के बारे में सूचित करने के लिए विवश हो जाती, जिसमें मतदाता को यह अधिकार है कि यदि बैलेट पेपर को देखने के बाद मतदाता को ऐसा लगता है कि

सूची में जिन भी उम्मीदवारों का नाम दिया गया है, वह उनमें से किसी को भी अपना मत नहीं देना चाहता तो वह बूथ का संचालन करनेवाले अधिकारी के पास जाकर उसे सूचित कर सकता है। संचालन अधिकारी उसे रजिस्टर 17 में दर्ज करेगा, जिसे इस उद्देश्य के लिए रखा जाता है और मतदाता के मतदान को सुनिश्चित करने के लिए उसकी अंगुली पर अमिट स्याही लगा देता है। इसका अर्थ यह होता है कि इस मत को 'किसी को मत नहीं' के तौर पर रजिस्टर किया गया है। चुनाव आयोग, जैसाकि उसे मुख्य चुनाव आयुक्त से आदेश प्राप्त है, पहली बार उनकी संख्या को सार्वजनिक करेगा।

प्रत्येक रैली में मैंने लोगों की भावना को जाँचने के लिए पूछा कि ऐसे कितने मतदाता हैं, जिन्हें यदि अस्वीकार करने का विकल्प दिया जाए तो उसका प्रयोग करेंगे। अपने प्रश्न के जवाब में मैंने लोगों को इतनी तीव्रता के साथ इस सीमा तक हाथ खड़े करते हुए पाया कि यह स्पष्ट हो गया कि लोग अब मतदान करने के लिए मात्र एक विकल्प के तौर पर नहीं अपितु अनिवार्य शर्त के तौर पर जाएँगे, या किसी ने मेरे ट्वीटर पेज पर कहा कि यदि अस्वीकार करने का विकल्प नहीं होता है तो सबसे खराब में से सबसे अच्छा।

प्रत्येक सार्वजनिक रैली में राजनेता हेलीकॉप्टर से नीचे उतरते हैं और मुफ्त चीजें जैसे—कंप्यूटर्स, नौकरियाँ, मुफ्त बिजली, कम लागत पर मिलनेवाले कर्ज, बेहतर चिकित्सा सुविधाएँ और अन्यान्य चीजें देने की घोषणा करते हैं। इस प्रकार सभी को, एक मतदाता ने मेरे पास एक नोट भेजा, जिसमें यह पूछा गया था कि क्या वायदों को पूरा न करनेवाले को आपराधिक तौर पर दोषी माना जाता है। मैंने कहा—हाँ, यह भारतीय आचार संहिता के अंतर्गत अधिनियम 420 धोखाधड़ी और 406 भरोसा तोड़ने के अधिनियम के अंतर्गत आता है। मैंने मतदाता को आगाह किया कि पुलिस शिकायत उस दबाव में ही दर्ज कर सकती है, जब हजारों की संख्या में लोग शिकायत की अर्जी पर दस्तखत करें। यदि पुलिस इसके बावजूद ध्यान नहीं देती है तो इस मुद्दे को अदालत में वायदों के सभी साक्ष्यों, जैसे समाचार की कटिंग, घोषणा-पत्र और वीडियो रिकॉर्डिंग के साथ ले जाया जा सकता है।

क्या हेलीकॉप्टर से उतरनेवाले नेता सुन रहे हैं? मतदाताओं की एक नई पीढ़ी तैयार हो रही है।

□

19

भ्रष्ट व्यक्ति बच नहीं सकता

यदि आपका कुछ खो जाता है, भले ही वह आपकी जेब से छोटा सा पर्स क्यों न हो, और आपको विश्वास है कि वह चोरी हो गया है तथा आप उसकी रिपोर्ट दर्ज करवाना चाहते हैं तो आप क्या करेंगे? यह प्रश्न मैंने अपने सामने बैठे श्रोताओं से पूछा।

निस्संदेह पुलिस स्टेशन में जाकर रिपोर्ट करेंगे या पुलिस कंट्रोल रूम वैन के लिए 100 नंबर डायल करेंगे और मदद करने के लिए कहेंगे। इस बात पर आश्चर्य व्यक्त करते हुए उन लोगों ने कहा कि मैं उनसे ऐसा प्रश्न क्यों पूछ रही हूँ, जिसका साधारण सा जवाब है।

मैंने कहा कि आप सही हैं। अब मुझे यह बताएँ कि यदि आपसे रिश्वत, छोटी या बड़ी माँगी जाती है और यदि आप ऐसा मानते हैं कि रिश्वत लेना या देना अन्य अपराधों की भाँति ही एक अपराध है, आप शिकायत करने के लिए कहाँ जाएँगे? क्या आप इससे संबंधित किसी कंट्रोल रूम के नंबर या ऐसा स्थान, जहाँ पर आप जा या फोन कर सकते हैं और मदद माँग सकते हैं, के बारे में जानते हैं, ठीक उसी प्रकार जिस प्रकार आप पुलिस कंट्रोल रूम वैन या 100 नंबर के बारे में जानते हैं?

किसी को भी इस बारे में कोई जानकारी नहीं थी।

कुछ ने कहा, शायद भ्रष्टाचार-विरोधी विभाग?

निश्चित तौर पर, लेकिन कहाँ पर? कोई भी जानता है कि वह कहाँ पर है? मैंने पूछा।

यह प्रश्न मैंने अन्ना हजारे द्वारा आरंभ किए गए भ्रष्टाचार-विरोधी

आंदोलन, जिसे कई अन्य लोगों जैसे स्वामी रामदेव, श्रीश्री रविशंकर, दिल्ली के बिशप के साथ-साथ अन्य प्रमुख व्यक्तियों का समर्थन प्राप्त हुआ, के दौरान जनता के सामने बोलते हुए बार-बार पूछा।

समस्या यह है कि हमने रोजमर्रा के जीवन में हमसे माँगी जानेवाली रिश्वत को कभी एक मुद्दे के तौर पर पेश नहीं किया। इस प्रकार की कोई भी सार्वजनिक तौर पर जाना-पहचाना, प्रचारित, उपलब्ध, आश्वस्त करनेवाली भ्रष्टाचार-विरोधी प्रणाली लोगों के लिए नहीं है। इस कारण हममें से अधिकतर लोग या तो रिश्वत देनेवालों की सूची में हैं या लेनेवालों की।

हम जानते हैं कि हमें अपना काम करवाने के लिए रिश्वत देनी होगी, स्पष्ट तौर पर कहें तो फिर चाहे वह पुलिस के पास शिकायत दर्ज करवाने का ही काम क्यों न हो। हर कोई यह सोचता है कि शीघ्रता से मिलनेवाले धन को लेना उसका जन्मसिद्ध अधिकार है, चाहे जनता के उस काम को करने के लिए उसे सरकार से अच्छा-खासा वेतन क्यों न मिल रहा हो। जब तक उसे चुकता नहीं कर दिया जाता, उसे काम क्यों करना चाहिए? उसे किसी प्रकार का कोई डर नहीं है। उसे रिपोर्ट किए जाने का कोई डर नहीं है, क्योंकि उसके खिलाफ तत्काल रिपोर्ट किए जाने का कोई प्रावधान नहीं है, उसे पकड़े जाने का कोई डर नहीं है। ऐसी कोई मोबाइल सेवा नहीं है, जो 999 या 111 नंबर के डायल करने से प्राप्त हो, जो भ्रष्टाचार के खिलाफ शिकायतों पर कार्रवाई करें, जिसमें इस प्रकार की किसी शिकायत पर जवाबदेही के लिए भ्रष्टाचार-विरोधी स्टाफ या स्वेच्छा से काम करनेवाले नागरिक मौजूद हों।

कल्पना करें, यदि हमारे पास इस प्रकार की कोई प्रणाली हो तो? कोई भी व्यक्ति जब रिश्वत की माँग करे तो उसकी शिकायत मात्र एक फोन कॉल के जरिए की जा सकेगी। आज हर दूसरे भारतीय के पास मोबाइल फोन उपलब्ध होता है, अतः फोन तुरंत और बड़ी आसानी से किया जा सकता है।

समस्या यह है कि पिछले चौंसठ वर्षों से एक राष्ट्र के तौर पर व्यापक स्तर पर हो रहे भ्रष्टाचार के अंदर चक्कर लगा रहे हैं। पिछले

कुछ वर्षों से यह सभी सीमाएँ लाँघ चुका है। मीडिया द्वारा विस्तृत तौर पर सभी सूचनाओं का विवरण देने के कारण हम सभी इससे भलीभाँति परिचित हो गए हैं। कई वकीलों व जागरूक नागरिकों द्वारा इस संबंध में अदालतों में जनहित याचिकाएँ भी दायर की गई हैं और उच्चतम न्यायालय भी इस ओर निरूपित है।

भ्रष्टाचार में जो धनराशि शामिल है, अब वह कुछ सैकड़ों में नहीं रह गई है, बल्कि अब यह राशि हजारों व लाखों करोड़ रुपयों में बदल चुकी है। 2जी स्पेक्ट्रम या कॉमनवेल्थ घोटालों में सम्मिलित धनराशि को याद करें। ऐसा प्रमुखत: इस वास्तविकता के कारण है कि जब हम विनियोग के लिए पूरे द्वार खोलते हैं तो हम कभी उसके लिए प्रभावशाली व सक्षम कानून और प्रशासनिक पर्यवेक्षक का निर्माण इस लक्ष्य की पूर्ति हेतु नहीं करते कि उससे प्राप्त होनेवाला लाभ सभी को समान रूप से प्राप्त हो।

भ्रष्टाचार से निपटने और इसमें लिप्त लोगों को सजा देने के लिए मौजूदा संरचना में दोषियों के बच निकलने के लिए बहुत से मार्ग छोड़े गए हैं, जैसे ट्रायल में होनेवाली देरी, गवाहों पर विजय प्राप्त करना, धोखाधड़ी व भ्रष्टाचार के माध्यम से लूटी गई राशि को वापस लौटाने के प्रावधान की कमी, कम सजा, अधिकार के तौर पर जमानत मिलना, कमजोर अभियोग पक्ष के खिलाफ उच्चतम भुगतान धन राशि वाली कानूनी सेवा, एजेंसियों (गैर स्वतंत्र) द्वारा कमजोर कब्जेवाली जाँच, जो उन्हीं के समान दोषी लोगों को वापस सत्ता व पद पर आसीन करने में सक्षम होती है।

इन कमियों के कारण धन कुछ लोगों के हाथों तक ही केंद्रित होकर रह जाता है, जिससे पूँजीवाद के कुलीन तंत्र का निर्माण हुआ है, जो राजनीतिज्ञों, नौकरशाहों और व्यवसायी वर्ग, जिन्हें प्राय: बंद गला-कुर्ता संबंध कहा जाता है, के संबंधों की अगुआई कर रहे हैं। यह स्थिर हित आज यथापूर्व स्थिति में होनेवाले किसी भी बदलाव से सीधे तौर पर प्रभावित होता है। इनमें से बहुत से लोग बहुत ही महत्त्वपूर्ण पदों पर आसीन हैं।

भ्रष्टाचार लाखों की संख्या में लोगों के लिए तैयार होनेवाले सांस्थानिक

संस्थानों, सामाजिक सुरक्षा योजनाओं, और संपूर्ण तौर पर होनेवाली समृद्धि के बेहतर भविष्य को लील गया है। भारत गरीब देश नहीं है। इसे भ्रष्टाचार द्वारा गरीब बना कर रखा गया है।

अन्ना हजारे के नागरिक समाज द्वारा तैयार किए गए जन लोकपाल बिल में दोषियों के बच निकलने के बहुत से मार्गों को बंद कर दिया गया है। इसमें भ्रष्ट के अभियोग के समावेश के लिए मंत्री से संतरी तक पर जोर दिया गया है। इसमें अपनी परिधि में नौकरशाहों और न्यायिक प्रक्रिया में सम्मिलित लोगों को पुष्टि शिकायतों की घटना में जाँच के लिए समेटा गया है। इसका अर्थ यह है कि कोई बच नहीं सकता, यदि वह भ्रष्टाचार करता हुआ पकड़ा जाता है।

यदि हम शक्तिशाली पदों में आत्म सेवारत व्यक्तियों से छुटकारा पाना चाहते हैं तो अब हम सभी को एक जागरूक नागरिक के तौर पर इन सभी विषयों पर एक साथ खड़े होने की आवश्यकता है। हमें यह याद रखना होगा कि हमने वोट देकर उनको लोगों पर शासन करने के लिए नहीं बल्कि उनकी सेवा करने के लिए चुना है। उन पर इस उद्देश्य की पूर्ति हेतु नजर रखने की आवश्यकता है।

अब से कुछ वर्ष बाद यही व्यक्ति जो लोगों पर शासन करता है, वापस लौट कर उनका वोट माँगने के लिए आएगा। इससे पहले कि फिर से देर हो जाए, गलत हो रहे सभी कामों को ठीक करने के लिए कहें। इसकी शुरुआत भ्रष्टाचार के साथ करें। उन्हें फिर से बच निकलने न दें।

□

20

भ्रष्टाचार के खिलाफ चलाए गए इस आंदोलन का अपने तरीके से विस्तार करें

पिछला वर्ष कुछ ऐसी कड़वी व महत्त्वपूर्ण वास्तविकताओं को उजागर करनेवाला वर्ष था, जिसने हमें यह बताया कि हमारा देश जैसा बना है वैसा क्यों बना है। अन्ना हजारे के प्रभावशाली लोकपाल बिल के लिए किए गए युद्ध में एक योद्धा की तरह काम करते हुए अंदर के व्यक्ति के तौर पर मेरे विचार इस प्रकार हैं।

कुछ प्रश्न बार-बार सामने आते रहे।

हम अपने आधारभूत ढाँचे में इतनी गंभीर कमी से क्यों गुजर रहे हैं? अमीर और गरीब लोगों के बीच इतना बड़ा अंतर क्यों है? न्याय इतना भ्रमित करनेवाला क्यों है? आम आदमी प्रशासन में अपना विश्वास क्यों खो चुका है? राजनेताओं के लिए हमारे मन में सम्मान क्यों नहीं बचा? क्यों उनमें से बहुतों के लिए पहले से ही यह धारणा बना ली जाती है कि वे भ्रष्ट हैं? हमारे पास क्यों ऐसी प्रभावशाली प्रणाली नहीं है, जिससे सत्ता में बैठे अपराधियों के मन में डर हो? नौकरशाही वर्ग हमारे समक्ष उपलब्ध क्यों नहीं होता और क्यों वह दृष्टिगत भी नहीं होता? हमारी पुलिस सेवा में इतनी कमियाँ क्यों हैं? हमारा किसान वर्ग इतने तनाव में क्यों है? लोगों, प्रशासनिक व्यक्तियों और चुने गए प्रतिनिधियों के बीच में विश्वास की

कमी की इतनी गहरी खाई क्यों है?

इस वर्ष लंबे चले अभियान के दौरान क्या स्पष्ट हो गया। और इस देश के नागरिक के तौर पर हम क्या कर सकते हैं।

राजनेताओं के लिए वोट ऑक्सीजन के समान होता है। वे उम्मीदवारों को चयनित विभागों को भेजते हैं। जहाँ तक राजनेताओं को पता है, उनके जाति, आस्था, समाज के विभिन्न वर्गों या समूह पर आधारित निश्चित व सुरक्षित वोट बैंक है। वे सोचते हैं कि वे उन लोगों की जायज माँगों की भी उपेक्षा कर सकते हैं, जो उनके वोट बैंक की सीमा में नहीं आते।

अगली वास्तविकता यह है कि पैसे की शक्ति वोटों को सुरक्षित करने में बहुत ही महत्त्वपूर्ण भूमिका निभाती है। चुनावी रैलियों में शामिल होनेवाले लोगों को लाया व खरीदा जाता है। यह धन कहाँ से आता है? अनगिनत दान और एकत्रित की गई राशि से? या सत्ता के संरक्षण से? आयोजित की जानेवाली सभी बैठकों को जनता के पैसों पर किया जाता है, जहाँ पर बड़ी मात्रा में संरचनात्मक व्यय होता है।

यदि कोई समर्थन देने की स्थिति में होता है तो उसके एवज में काफी भारी रकम गुप्त मार्गों से लेता है, जैसाकि हाल ही में 2जी स्पेक्ट्रम घोटाले में हुआ। पंचायती, नगरपालिका विभागों, विधानसभा और संसद् के चुनावों के लिए बहुत बड़ी मात्रा में धन की आवश्यकता होती है।

यह धनराशि चुनावों के बुनियादी ढाँचे—स्वयंसेवकों का निर्माण करने, उपहार या मुफ्त चीजें देने के लिए, जैसाकि तमिलनाडु में हुए पिछले चुनावों में हुआ अथवा शराब बाँटने के लिए, जैसाकि उत्तर भारत में आम तौर पर होता है, को पूरा करने में जुटाई जाती है। यही कारण है कि भ्रष्ट राजनेता उस प्रभावशाली कानून को कभी लागू नहीं होने देंगे, जो धनराशि की पूर्ति को बंद कर देता, जब तक वे वास्तव में यह नहीं देखते कि मतदाता इस प्रकार से उन पर निर्भर हो रहे हैं। एक स्वतंत्र सी.बी.आई. किसी को भी नहीं बख्शेगी। इसके द्वारा चुराए गए पैसे को फिर से प्राप्त किया जा सकेगा और कठोर सजा दी जा सकेगी। चुने गए भ्रष्ट नेता क्यों किसी ऐसी प्रणाली के लिए अपना वोट देंगे, जो उन्हें ही खा जाएगा।

फिर, हम आम जनता के पास इसका समाधान क्या है।

पहला और सर्वप्रथम यह कि एक मतदाता के तौर पर हम जागरूक रहें। हमें लोगों को इसके लिए जागरूक करना होगा कि लोकतंत्र में वास्तव में वही स्वामी हैं और उनके द्वारा चुने गए प्रतिनिधि मात्र उनके सेवक हैं। उम्मीदवार ही उनके पास हाथ जोड़कर उनका वोट माँगने के लिए आते हैं। इसलिए उनकी जीत के बाद ऐसी उम्मीद की जाए कि चुने गए प्रतिनिधि लोगों की आवाज का प्रतिनिधित्व करें और लोगों की आवश्यकताओं का आह्वान करें। जब तक हम, आम जनता, अपने चुने गए प्रतिनिधियों को उत्तरदायी नहीं बनाएँगे, वे लोगों की उपेक्षा करते रहेंगे, जिनके पास वे हाथ जोड़कर उनका वोट माँगने के लिए गए थे।

जन लोकपाल बिल के लिए जो सामूहिक तौर पर आंदोलन हुआ, उसमें ठीक यही हुआ। एक के बाद एक निर्वाचन क्षेत्रों में, एक के बाद एक सर्वेक्षणों में स्पष्ट तौर पर जन लोकपाल बिल के लिए लोगों ने अपना समर्थन दिखाया। चुने हुए प्रतिनिधि इस आवाज को नहीं सुन रहे। वे खुले तौर होनेवाली बहस में आने से बचते हैं। वे जानते हैं कि लोग क्या चाहते हैं। लेकिन वे इस संबंध में कोई कदम नहीं उठाते, क्योंकि वे नहीं जानते कि इस पर उनकी पार्टी व नेतृत्व का क्या विचार है। वास्तविकता तो यह है कि लोग अपने उम्मीदवार के लिए वोट देते हैं, जो किसी विशेष पार्टी से संबंध रखता है। वह उम्मीदवार और पार्टी का समीकरण होता है, न कि पार्टी के बिना उम्मीदवार का समीकरण होता है।

संदेश यह है कि हमें अनजान बने रहने या कम जानकारी रखने या फिर मतदान में उपस्थित न होने के परिणामों को और चुनावों के बाद चुने गए उन उम्मीदवारों को जवाबदेही से बचने के परिणामों को समझना होगा।

ऐसा कोई भी कानूनी बंधन नहीं है, जो हमारे द्वारा चुने गए प्रतिनिधियों को हमारे प्रति अगला चुनाव होने तक उत्तरदायी बनाए रखे। अतः हमें सामूहिक तौर पर इसकी माँग करनी होगी।

इसका एक तरीका इस प्रकार आरंभ होता है कि हम इस बात के प्रति पूरी तरह से आश्वस्त हों कि निश्चित समय व अंतराल पर हमारे द्वारा चुने गए प्रतिनिधि हमारे साथ टाउन हॉल या खुले में होनेवाली बैठकों में उपस्थित होंगे। इन बैठकों की तिथियों की घोषणा पहले से ही की जानी

चाहिए और मतदाताओं को अपने निर्वाचन क्षेत्र से संबंधित विषयों पर सवाल पूछने का अधिकार होना चाहिए।

आँखें खोलनेवाली सबसे महत्त्वपूर्ण बात यह है कि जब तक लाखों मतदाता अपने वोट के मूल्य को नहीं समझेंगे, यह देश शासन के दिवालिया होने का जवाब शीघ्र प्राप्त नहीं करेगा। इसलिए, जब हम यह जानेंगे कि जवाबदेही के साथ किया गया मतदान ही लोकतंत्र की जड़ें मजबूत करने का मूल तत्त्व है तो क्यों न हम देश के मतदाताओं को जागरूक करने के लिए एक देशव्यापी अभियान चलाएँ, जिससे कि इस बार बेहतर लोग चुनकर आएँ।

एक आंदोलन—छोटा या बड़ा—की शुरुआत अपने तरीके से करें। युवा वर्ग नेतृत्व की कमान अपने हाथों में ले और ईमानदारों के लिए वोट करना ही हमारा लक्ष्य हो। आपको केवल अपने तरीके से इसका विस्तार करना है।

□

21

भीतर मौजूद हमारे शत्रु

हमारे देश में आज भ्रष्टाचार एक ऐसी खतरनाक बीमारी बन चुका है, जिसकी जमानत के तौर पर उपायों की आवश्यकता है। देश के पुरुष व स्त्री दोनों ही इस देश की सुरक्षा और अखंडता के लिए कर्तव्यबद्ध हैं। वे इससे एक मूल्य, छोटे या बड़े पर समझौता करते दिख रहे हैं। इस परिस्थिति में हमें बाहर से शत्रुओं की आवश्यकता नहीं है। हमारे तंत्र के भीतर के शत्रु ही हमें परेशान करने के लिए काफी हैं।

तहलका डॉट कॉम, जिसके कार्यालयों, घरों और सार्वजनिक स्थानों पर होनेवाली गतिविधियों से संबंधित वीडियो टेप ने हमारे देश में भ्रष्टाचार के परिदृश्य को उजागर किया। यहाँ पर एक धुँधली-सी सीमा रेखा है, जो सरकार को सत्ता सँभालनेवाली पार्टियों से अलग करती है। पार्टी के सदस्य सरकार होते हैं और सरकार पार्टी होती है। इसमें कोई संदेह नहीं है, बहुमत में जो पार्टी होती है उसी से सरकार बनती है; लेकिन जब यह सरकार बन जाती है तो यह उम्मीद नहीं रखी जा सकती कि वह मात्र अपनी पार्टी के लिए होती है। इसे पूरे देश के लिए होना चाहिए।

इस उजागर ने कीटाणुओं के एक कैन को खोल दिया। इसने दिखाया कि कितनी बड़ी संख्या में ऐसे लोग हैं, जो बहुत ही महत्त्वपूर्ण एवं संवेदनशील पदों पर विराजमान हैं और अपने देश को बेचने के लिए तैयार बैठे हैं।

यह लोगों की उस शंका की सीमा की पुष्टि करता है कि जिसमें वे हमारी जनसेवा में भ्रष्टाचार के स्तर को तय करते हैं। इसने कई व्यक्तिगत

संबंधित चेहरों से मुखौटों—पाखंड और छद्म सच्चाई के मुखौटे को उतार दिया है।

ऐसा माना जाता है कि यदि सच को छपे हुए शब्दों के माध्यम से सामने लाया जाए, जो कि समाचार-पत्र और पत्रिकाएँ हैं, तो लोगों की स्मृति बहुत ही कम समय के लिए होती है। लेकिन दृश्यों के प्रसारण से जो प्रभाव पड़ता है, जो कि टेलीविजन के द्वारा होता है और उन दृश्यों को कई बार दोहराया जाता है, को इतनी आसानी से नहीं भुलाया जाता। इसकी पहुँच राष्ट्रीय स्तर पर होती है और प्रभाव भी बहुत बड़े स्तर पर पड़ता है। आज चित्रों की यही शक्ति है।

ऐसा प्रतीत होता है कि जो लोग रिश्वत ले रहे हैं, वे आज भी रिश्वत को स्वीकार करने के लिए पुराने तरीकों के प्रयोग में जी रहे हैं, जबकि देनेवाले नई तकनीकों का प्रयोग कर रहे हैं।

भ्रष्ट भारतीय, बल्कि जब वह पूरी तरह से उजागर हो जाते हैं तब भी बेशर्म बने रहते हैं। क्षमा या माफी जैसे शब्द उनके शब्दकोश में नहीं होते।

भ्रष्टाचार गणनाओं में हेर-फेर का अपराध है और यह कोई जुनून नहीं है। यह निरंतर की जानेवाली गणना है और इसमें पकड़े जाने की संभावनाओं की दर बहुत ही कम होती है। यही व्यक्तिगत तौर पर व्यक्ति को भ्रष्टाचार करने के लिए प्रेरित करता है। यह एकाधिकार के पद से भी संबंधित होती है। जो भी कोई निर्विवाद है, उसके लिए पकड़े जाने का जोखिम सबसे कम होता है।

भ्रष्टाचार के प्रभाव की प्रकृति प्रतिगामी होती है। कम आयवाली पारिवारिक इकाई भ्रष्टाचार के सबसे कम भार को उठाती है। निम्नतर सीमा पर भ्रष्टाचार का प्रचलन ठीक उसी प्रकार होता है जैसे कि नागरिक सेवा में भ्रष्टाचार की मौजूदगी होती है, कई प्रकार से गरीब नागरिकों को विभिन्न प्रकार से वंचित कर देती है। चूँकि यह लेन-देन लेखों में वैचारिक क्षमता की शुरुआत करता है और सार्वजनिक रूप से किए जानेवाले व्यय की प्राथमिकता को विकृत करता है, इसका व्यवसाय पर शिथिल कर देनेवाला प्रभाव भी पड़ता है। भ्रष्टाचार आर्थिक संवृद्धि को गंभीर रूप से

क्षति पहुँचाता है। याद रखें, एक समाज में भ्रष्टाचार शासन आज्ञाकारिता के प्रतिशत के अनुपात के रूप में विद्यमान है और भारतीय संज्ञान में उसमें काफी तीव्रता के साथ गिरावट दिखाई दे रही है।

इस स्थिति से निकलने का समाधान भी है। इसके लिए हम सभी को एकजुट होकर काम करना होगा। कुछ सुझाव महात्मा गांधी के उन तीन बंदरों—जो न तो बुरा देखते हैं, न बुरा सुनते हैं और न ही बुरा बोलते हैं—के विपरीत है। अब हमें अपनी आँखें, कान और मुँह को भ्रष्टाचार की रिपोर्ट करने के लिए खुला रखते हुए देखना, सुनना और रिपोर्ट करना होगा।

इस प्रकार के मुखबिरों, जो रिपोर्ट करने का साहस दिखाते हैं, को सुरक्षित करने के लिए मुखबिरी सुरक्षा नियम के सुरक्षा देने की आवश्यकता है।

भ्रष्टाचार मात्र इसे अस्वीकार करने से नहीं रुकेगा, बल्कि इसे कट्टर असहिष्णुता के द्वारा रोकना होगा। अतः लोगों को स्वयं व्यक्तिगत तौर पर व्यवस्थित करना होगा और सामूहिक तौर पर इस असहिष्णुता को प्रकट करना होगा।

इस प्रक्रिया में संभवतः कुछ लोगों को इसकी कीमत चुकानी पड़े, लेकिन फिर भी इस कीमत का भुगतान किसी भी तरह से किया जा रहा है। इस इच्छा-शक्ति या असहिष्णुता की अभिव्यक्ति दोनों पक्षों, जो लोग सत्ता में हैं और जो लोग उन्हें सत्ता में लाने के लिए वोट करते हैं, की तरफ से होनी होगी। संसद् को लंबित चुनावी सुधारों व लोकपाल बिल को लाना होगा। चुने गए सभी प्रतिनिधियों और जवाबदेही के पद पर विराजमान सभी लोगों को अपनी संपत्ति की घोषणा करनी होगी। अप्रमाणित धन या संपत्ति की जब्ती होनी चाहिए। कानून को इस कानूनी सहारे के तौर पर सशक्त करना होगा। संतुलन और न्याय के लिए इच्छा व हथियार को पैमाने के दो शस्त्र बनाने की आवश्यकता होगी।

□

22

तीन कक्ष

एक प्रश्न लगातार पूछा जाता है कि रिपोर्ट किए गए किसी अपराधी, जो अमीर व शक्तिशाली होता है, का व्यक्तिगत व्यवहार व्यक्तिगत भटकाव है या ऐसा प्रचलित वातावरण के कारण होता है? इस प्रश्न पर मेरा छोटा सा जवाब यह होता है कि यह व्यक्ति या जन सामाजिक उत्थान के द्वारा उत्पन्न उत्पाद है, जो पाखंड से लबालब भरा हुआ है और हमारी मानसिकता में मजबूती से स्थित हो चुका है और हमारे द्वारा लगातार इसे पोषित किया जा रहा है।

हमारे समाज रूपी संसार को स्पष्ट तौर पर तीन मंडल कक्ष, जैसाकि मैं इसे कहना पसंद करती हूँ, में बाँटा जा सकता है।

प्रथम कक्ष में आंतरिक मूल सम्मिलित है। इस मूल में प्रवेश करने का अधिकार निम्नलिखित के लिए आरक्षित है—

(क) भ्रष्ट अमीर।

(ख) संरक्षण आधारित व्यक्ति।

(ग) शराब या महिला में लिप्त।

(घ) वे लोग जिनके एक जैसी या एक ही गुप्त बात का हिस्सा है।

(च) ब्लैकमेलर।

(छ) दौलत।

(ज) खून के रिश्तेदार और वे लोग, जिनमें असुरक्षा की भावना हो।

वे लोग, जिनमें उपर्युक्त में से कोई भी लक्षण होते हैं, वे इस कक्ष के योग्य बन जाते हैं। इस तरह के लोग एक साथ एकत्र हो जाते हैं।

दूसरा कक्ष। मध्यम मूल में वे लोग सम्मिलित होते हैं, जो चाटुकार, ढोंगी, प्रलोभन के वश उपहार देने व लेनेवाले, रिपीट कॉलर ऑन, नेम ड्रॉपर, मुखबिर, चापलूस, अकसर आयोजित होनेवाले रात्रिभोज, समझौता करनेवाले इत्यादि के साथ ही जाति, संप्रदाय, समुदाय, संबंध, मत, रिश्तेदारी आदि के माध्यम से बने मित्रों के साथ-साथ वे लोग भी शामिल हैं, जिनके पास घमंड दिखाने या विस्तार करने के लिए धन होता है। जिस किसी में भी ये गुण होते हैं, वह इस कक्ष का सदस्य बनने के लिए पर्याप्त होता है।

तीसरा कक्ष बाहरी आवरण होता है। इसमें वे व्यक्ति सम्मिलित होते हैं, जो अपनी आय के दायरे में ही रहते हैं। वे सिद्धांतवादी, स्वाभिमानी, पेशेवर तौर पर योग्य, समझौता न करनेवाले, संतोषी, आध्यात्मिक, सुगम, कम महत्त्वाकांक्षी, पारिवारिक, अव्यावहारिक, साधारण, समय के अनुसार स्वार्थी, कम मित्रवाले, जो काम के बाद घर लौटें। वे यदि कभी पार्टी का आयोजन करें तो अपने मेहमानों को शराब या शानदार भोजन परोसने में असमर्थ हों और न कभी किसी से कोई उपहार या समर्थन की माँग करें। वे गलत प्रकार की सहायता पाने की उम्मीद नहीं करते और न ही कभी देते हैं। इस प्रकार के लोगों का प्रथम व दूसरे कक्ष में प्रवेश करने के लिए जिन लक्षणों का व्यक्ति में होना अनिवार्य माना जाता है, उसके आधार पर कभी प्रवेश नहीं पा सकते।

अनुभवों के आधार पर अकसर यह देखा जा रहा है कि कुछ प्रतिष्ठित (सामाजिक तौर पर माने जानेवाले) व्यक्ति और पद पर आसीन आमतौर पर प्रथम कक्ष की ओर अन्य कई दूसरे कक्ष और बहुत कम कक्ष तीन ओर आकर्षित होते हैं।

अनुभव यह भी दिखाते हैं कि अधिकतर प्रथम कक्ष से तीसरे कक्ष या इसके विपरीत लोगों का परिवर्तन या स्थांतरण अपेक्षाकृत यदा-कदा, अन्यथा निस्संदेह यहाँ पर सुधारात्मक या गंभीर रूप से विवशता या आवश्यकता, मानसिक आघात के कारण होता है।

अतीत, वर्तमान या भविष्य में घटित होनेवाली अधिकतर चर्चा में आए त्वरित से संबंधित घटना प्रमुखतः कक्ष एक से संबंधित लोगों के

एकाधिकार द्वारा ही सामने आई है या फिर आएगी। इसमें दूसरे कक्ष से संबंध रखनेवाले प्रथम की अपेक्षा कम होंगे।

यदि हम सभी सामूहिक तौर पर वर्तमान परिस्थिति को देखकर परेशान हैं और इसमें बदलाव या सुधार चाहते हैं तो फिर आम जनता द्वारा धनी से लेकर निर्धन वर्ग में लोगों को वर्गीकृत करने की अवधारणा को बदलना होगा। संदिग्ध चरित्रवाले लोगों को बहिष्कृत करने के बजाय सार्वजनिक तौर पर पुरस्कृत करना और उन्हें सार्वजनिक तौर पर स्थान तथा उन पर नजर बनाए रखना अति संवेदनशील मानसिकता की सबसे बड़ी अशुद्धता है।

सरकारी सेवा में नियुक्ति की कार्मिक नीतियों को अपनाने और उन्हें कार्यान्वित करने से पूर्व नियमित तौर पर विकेंद्रीकृत प्रकार से सूझ-बूझ की आवश्यकता है। प्रदर्शन की नियमित तौर पर समीक्षा को प्रणाली का आंतरिक भाग होना होगा, जिससे कि इन नीतियों में सुधार व संशोधन होना जारी रहे।

इसके अतिरिक्त हमें कानून का सम्मान करने और समान रूप से उसकी आज्ञा का पालन करने के लिए स्वयं को पुन: शिक्षित करने की आवश्यकता है। मैंने 'समान' शब्द पर अधिक जोर दिया है, क्योंकि वास्तविकता में हम कानून के तेज के समक्ष असमान हैं।

स्वयं कानून पार्टियों व व्यक्तियों के बीच में अंतर नहीं करता, लेकिन कानून की प्रक्रिया, व्यावहारिक तौर पर उसका अमल इस अंतर का कारण बनता है। हमारे पास एक व्यक्ति के लिए नियमों व प्रक्रिया का एक अलग समूह है और दूसरे व्यक्ति के लिए उससे पूर्ण रूप से भिन्न समूह हैं। जानकारी, समझ, साधन, पद, महत्ता, बल, प्रभाव, सामाजिक अपेक्षा या अपेक्षित परिणाम के लिए शक्ति व पहुँच पर आधारित उसकी व्याख्या बदल जाती है।

आर्थिक अपराधों से निपटते समय हम जिस प्रकार की बेपरवाही का प्रदर्शन करते हैं और आर्थिक अपराध करनेवाले अपराधी को जिस प्रकार की सामाजिक स्वीकृति व सम्मान देते हैं, वह आज की परिस्थिति को बयान करने का सबसे दृष्टिगत साक्ष्य है। एक साधारण सा जेबकतरा

जेल में वर्षों सजा काटता है, जबकि एक करोड़पति, जिसने देश के करोड़ों रुपए लूटकर सबको धोखा दिया है, मुक्त होकर बाहर घूमता है। त्रासदी तो यह है कि इन करोड़पति लुटेरों का वर्ग जेबकतरों की छोटी सी संख्या की तुलना में बहुत अधिक है, लेकिन हमारे पास उनके लिए कोई जेल नहीं है।

एक आदर्श स्वरूप की आवश्यकता है, लेकिन ऐसा हमेशा नहीं होता। यहाँ पर उन लोगों द्वारा जो जमाखोरी, संग्रह, हड़पना, संसाधनों व शक्ति को संचित करते हैं, शक्ति व संसाधनों को आपस में बाँटते और एक-दूसरे को सौंपते हैं, की परिस्थिति व्यापक स्तर पर बनी हुई है। यदि ऐसा हो सकता है तो मेरी अपनी कुछ शंकाएँ इसके अलावा हैं कि यह ईश्वर का एक छलावा या इस देश का यही भाग्य है। लेकिन चमत्कार होते हैं। हमारे पास ऐसे लोग हैं, जो चमत्कार कर सकते हैं; लेकिन वे तीसरे कक्ष से संबंध रखते हैं।

जब तक वह होता है, प्रथम कक्ष व दूसरे कक्ष के लोग शासन करना जारी रखेंगे और इस प्रणाली को अंदर से तबाह करेंगे। तीसरे कक्ष के व्यक्ति या संस्थाएँ संवेदनशीलों पदों में भटकते हुए अपने कर्तव्य को पूरा करने और देश की सेवा करने के लिए जोखिम उठाना जारी रखेंगे। निस्संदेह यहाँ पर प्रिंट व इलेक्ट्रॉनिक मीडिया के लिए व्यवसाय में बने रहने तथा टीआरपी पाने के लिए पर्याप्त विषय मिलता रहेगा और वे 'बिग फाइट' में एक ही प्रश्न को बार-बार पूछते रहेंगे।

□

23

एक उद्देश्य के लिए लड़ने का प्रतिदान

मेरे लिए पुलिस सेवा का अर्थ सदैव ही सुरक्षा देने की शक्ति और सुधार करने की शक्ति रहा है। गिरफ्तार करने के अधिकार का इस्तेमाल रोकने व सुधार करने के लिए किया जाता है। किसी भी स्तर पर इस अधिकार का प्रयोग अन्याय को बनाए रखने, शक्ति का प्रदर्शन करने या व्यक्तिगत लाभ के लिए नहीं हो सकता।

यह मेरे संपूर्ण सेवा काल के दौरान मिशन को पूरा करने का कथन बना रहा। मेरे सभी कार्य पुलिस व जेल में सुधार के लिए समर्पित थे। मैं उन अधिकारों से वंचित लोगों के लिए काम करती रही, जिन्हें वह सब नहीं मिला था, जो हमें आगे बढ़ने एवं विकसित होने के लिए मिला था।

रोकथाम की शक्ति यही धारणा थी, जिसने मुझे अपनी नौकरी के दौरान भी एक सामाजिक कार्यकर्ता के तौर पर काम करने में सक्षम बनाया। मेरी जो साख थी, मैं उसका उपयोग और भी अधिक अच्छे व प्रेरित करनेवाले समाज-सुधार के लिए कर सकती थी और यह कारगर भी रहा। मैं दूसरे लोगों से सहायता माँग सकती थी और मुझे मिलती थी।

लोगों का सुधार व उन्नति मेरे काम का महत्त्वपूर्ण हिस्सा बन गया। मैंने अपनी सुधार प्रक्रिया की शुरुआत '80 के दशक में अपने सबसे पहले जिला पुलिस कार्यभार के साथ अवैध रूप से शराब बेचनेवालों के पुनर्वास

के साथ की और उनको गैर-कानूनी ढंग से शराब बेचकर अपनी जीविका चलाने के कार्य से बाहर निकाला। इसके बाद सन् 1986 में मैंने पुलिस स्टेशन से ही नशा-मुक्ति केंद्र को चलाने की ओर रुख किया। यह एक ऐसा काम था, जिसके बारे में किसी ने पहले कभी नहीं सुना था।

अब अवैध रूप से शराब बेचने की चुनौती नहीं थी, क्योंकि सरकार ने देश में सरकारी शराब की दुकानें खोल दी थीं, जहाँ पर सस्ती व अच्छी गुणवत्तावाली शराब मिलती थी। लेकिन नशीली दवाओं का दुरुपयोग। नशीली दवाओं का दुरुपयोग और अपराध एक ही सिक्के के दो पहलू थे। उपचार उपलब्ध करवाने के कार्य ने रोकथाम की शक्ति को साबित किया। जिन लोगों का उपचार हुआ, उनके जीवन में बहुत बड़ा बदलाव आया। चूँकि काम चलता रहा, इसलिए एक गैर-सरकारी संस्थान का जन्म हुआ।

नशीली दवाओं के दुरुपयोग के शिकार लोगों के उपचार के बाद मेरे कार्य का रुख कचरा बीननेवाले बच्चों की शिक्षा की ओर गया, जो चोरी करने और जेबकतरों के समूह में शामिल होने के लिए तैयार थे। उनकी माँएँ अपनी जीविका चलाने के लिए नशीली दवाएँ बेचती थीं। इसके अतिरिक्त अन्य कोई काम नहीं जानती थीं। मैंने महिलाओं के लिए एक वोकेशनल ट्रेनिंग सेंटर और बच्चों के लिए स्कूल की स्थापना की। इन संस्थाओं का कार्य लोगों से प्राप्त दान की राशि व उसी प्रकार की अन्य वस्तुओं से चलता था।

अब काम बहुत बढ़ गया है। आज यह करीब हजार प्रशिक्षुओं तक पहुँच गया है और उनके जीवन में एक बहुत बड़े बदलाव का कारण है। हमारे कुछ पूर्व विद्यार्थी ही हमारे कर्मचारी बन चुके हैं और सम्मानजनक तौर पर अपनी जीविका उपार्जित कर रहे हैं।

सन् 1994 में मुझे इससे भी और अधिक करने का मौका तब मिला जब मुझे रमन मैगसेसे पुरस्कार मिला। इस प्रकार इंडिया विजन फाउंडेशन का जन्म हुआ। मैंने इसका नाम 'किरण बेदी फाउंडेशन' नहीं रखा, क्योंकि वह भारत ही था, जिसने मुझे सबकुछ दिया।

व्यक्तिगत तौर पर दिया गया मेरा सबसे पहला दान पुरस्कार-स्वरूप मिली राशि से था। मैंने तिहाड़ जेल के अंदर डबलरोटी बनाने की एक

फैक्टरी की स्थापना की, जिसे 'इंडिया विजन ब्रैड यूनिट' का नाम दिया गया। इस यूनिट की स्थापना जेल के 10,000 कैदियों को प्रतिदिन ताजा डबल रोटी उपलब्ध करवाने के लिए की गई। आज इस उपक्रम की सालाना कुल आय करोड़ों में है। इससे प्राप्त आय का उपयोग कैदियों के लिए विभिन्न कल्याणकारी कार्यों के लिए किया जाता है।

इसके साथ ही मैंने उन बच्चों के लिए प्ले स्कूल की भी स्थापना की, जो अपनी माँ के साथ जेल में आते थे। यह फाउंडेशन महिलाओं को एक पालना घर में काम करने के लिए भी प्रशिक्षित करता है।

मैंने इन सभी कार्यों के लिए अपने विभिन्न स्रोतों के माध्यम से धन एकत्र किया। इसमें वर्षों से पुरस्कार-स्वरूप प्राप्त धनराशि, वक्तव्यों से प्राप्त राशि, लेखनी से प्राप्त सभी मानदेय, पुस्तकों से प्राप्त रॉयल्टी, विज्ञापन से प्राप्त लाभ, यात्रा टिकट से बचाई गई राशि। इसमें ग्लैंटी से प्राप्त छूट भी शामिल थी और मित्रों से दान-स्वरूप प्राप्त राशि सम्मिलित थी।

मेरी यात्राएँ प्राप्त होनेवाले निमंत्रणों पर आधारित होती थीं। इसमें विभिन्न व्यापारिक इकाइयों व सामाजिक संगठनों से प्राप्त होनेवाले निमंत्रण शामिल थे। एक साथी ट्रस्टी के द्वारा चलाई जानेवाली ट्रैवल एजेंसी इन सभी टिकटों को जारी करती है, चाहे वह इकोनॉमी वर्ग के हों या बिजनेस वर्ग के और सभी भुगतानों को प्राप्त करती एवं खातों में स्वीकार करती है। ऐसे योग्य निमंत्रण, जिनमें किसी प्रकार के यात्री भाड़े को प्रस्तावित नहीं किया जाता, उसका खर्च ट्रैवल एजेंसी में खोले गए बचत खातों की शेष राशि में से किया जाता है।

वहाँ का कोई भी खाता अथवा बचत मेरे व्यक्तिगत लाभ के लिए नहीं होता। इसके विपरीत, मैं स्वयं इसके दायरे को व्यक्तिगत तौर पर निवेश करके बढ़ाया है। लेकिन मुझे तब महसूस हुआ जब इसे कुछ स्वार्थी लोगों द्वारा मुझे निशाना बनाते हुए इस हद तक गलत बना दिया गया। मेरी जीवन भर की ईमानदारी को शंका में डाल दिया और मुझे अन्ना हजारे द्वारा भ्रष्टाचार के खिलाफ चलाए गए आंदोलन का हिस्सा बनने के लिए सबक सिखाया गया।

आजकल मैं जन लोकपाल बिल बनाने के लिए अपने ओर फेंके

गए सभी को एकत्र कर रही हूँ। यह बिल हमें एक ऐसी कानून प्रणाली देगा, जो देश को भ्रष्ट होने से बचाएगा, उन लोगों को रोकेगा, जो दिन-प्रतिदिन अमीर होते जा रहे हैं और आम आदमी मूलभूत सुविधाओं से भी वंचित रह जाता है।

यदि हम भ्रष्ट नहीं होंगे, गैर-सरकारी संस्थानों को सब नहीं करना होगा, जो अधिकतर संस्थानों द्वारा किया जा रहा है। हमारे पास प्रत्येक गाँव और शहर में और भी अधिक स्कूल, अस्पताल, दवाखाना, वास्तविक दवाइयाँ—दिखावे की नहीं, दूर-दराज के इलाकों में और भी अधिक डॉक्टर व नर्स होंगे। चिकित्सकीय सुविधा के अभाव में कमजोर और गरीब लोग नहीं मरेंगे। और भी अधिक सड़कें होंगी, जो अधिक सुविधा देंगी जैसे, वह अब खतरनाक हैं वैसे नहीं होंगे। लाखों युवाओं के लिए और भी अधिक पॉलिटेक्निक, वोकेशनल स्कूल, कॉलेज, आई.आई.टी., आई.आई.एम. और इंजीनियरिंग एवं मेडिकल कॉलेज होंगे।

सबसे आवश्यक है प्रत्येक स्तर पर हिसाब की जाँच यह आश्वस्त करेगी कि कड़ी मेहनत से कमाए गए धन को किसी भी स्थिति में गँवाया नहीं जाएगा। बुर्जुगों को पर्याप्त सामाजिक सुरक्षा दी जाएगी और केवल बेटे ही सुरक्षा देने का एकमात्र स्रोत नहीं होंगे। बेटियों का भी सम्मान किया जाएगा और उन्हें भी दुनिया के सबसे बड़े लोकतंत्र में जन्म लेने दिया जाएगा।

□

24

हमारा देश घोटालों की भूमि क्यों बन गया

जब भी हम अपराध के बारे में सोचते हैं तो हमारे दिमाग में सबसे पहले हिंसा का रूप जैसे बम विस्फोट, हत्या, सामूहिक तौर पर किया गया बलात्कार, हिंसात्मक लूट, फिरौती के लिए अपहरण, हमला इत्यादि उभरता है। आम जनता के तौर पर हम इस प्रकार के अपराधों के लिए कठोर सजा, जैसे आजीवन करावास या मौत, की माँग करते हैं।

लेकिन एक समाज के तौर पर हम भ्रष्टाचार, जो कि सीधे तौर पर बहुमूल्य सार्वजनिक संसाधनों की लूट है, इसके बारे में वॉशिंगटन आधारित एक अध्ययन समूह—ग्लोबल फाइनेंशियल इंटिग्रिटी की रिपोर्ट के अनुसार, इस प्रकार की लूट की सीमा प्रतिवर्ष 16 अरब डॉलर तक होती है, जिसके लिए इस प्रकार की किसी सजा की माँग नहीं करते।

यद्यपि, हिंसात्मक अपराध का कड़ा सामाजिक विरोध होता है, लेकिन विस्तृत स्तर पर किए गए भ्रष्टाचार का नहीं होता, बल्कि यह लाखों लोगों को प्रभावित करता है। अतः हम भ्रष्टाचार के अपराधों के मामले में एफ.आई.आर., गिरफ्तारी या वसूली और सजा देना समान रूप से सामाजिक समर्थन नहीं देखते।

लोगों की स्मृति बहुत ही कम होती है। प्रत्येक नया घोटाला पुरानेवाले को गुमनामी के अँधेरे में भेज देता है। धोखा, चाहे किसी व्यक्ति या समूह अथवा इकाई का हो, अत्यधिक लाभ का होता है; जबकि शोषित अपनी

जंग को अतिरिक्त वित्तीय व कानूनी लागत पर जारी रखता है। इस बीच धोखे से हड़पा गया धन कई हाथों व अधिकार-क्षेत्र से होकर इस सीमा तक गुजरता है कि उसका पता लगाना और उसे प्राप्त करना लगभग असंभव हो जाता है। इतिहास इसका साक्षी रहा है।

वास्तविकता तो यह है कि एक राष्ट्र के तौर पर हमने भ्रष्टाचारियों को सजा देने के लिए प्रभावशाली बुनियादी ढाँचे का निर्माण नहीं किया है। सही मायने में इसका शिकार बने वर्ग के पास अपनी शिकायत लेकर जाने के लिए कोई स्थान नहीं है। यदि वह पुलिस स्टेशन जाता है तो उससे कहा जाता है कि यह एक शिष्टता से संबंधित मामला है। यदि वह अदालत में जाता है तो वहाँ लंबित केसों की भीड़ में खोकर रह जाता है। इस बीच धोखेबाज लूटी गई धनराशि से लाभ अर्जित करना जारी रखता है। बाद में अपराधी अदालत से जमानत ले लेता है और इसका पूरा जतन करता है कि मामला वर्षों तक खिंचता रहे। इनमें से कुछ मामले तो आगे चलकर गायब ही हो जाते हैं। सबसे बड़ा यही संदेश प्रबल होता है— जितनी बड़ी लूट, उतनी ही कमजोर सजा देने की प्रणाली।

अपने सभी लाभों के साथ सरकार व निजी क्षेत्रों में आर्थिक विकास और मुक्त बाजार भी भ्रष्टाचार के अपराध को बढ़ावा देते हैं। पुलिस स्टेशन रोजमर्रा के नियमों व आदेशों से संबंधित समस्याओं से निपटने के लिए भी पर्याप्त रूप से सक्षम नहीं होते। पुलिस स्टेशन में कम-से-कम आई.पी.सी. की धारा 420 (धोखाधड़ी) के तहत किए गए अपराध से संबंधित एफ.आई.आर. ही लिखवाई जाती है। इस आरोप पर सफलतापूर्वक मुकदमा चलाया जाता है अथवा इसमें केस में जाँच के लिए सक्षम अफसर की माँग की जाती है या कानून व व्यवस्था से जाँच कर्तव्यों से पृथक् होने पर कार्रवाई की जाती है और कठोर सजा प्राप्त करने के लिए अपर्याप्त समर्थन प्राप्त होता है। धोखे से हथियाए गए पैसे की वापसी का प्रश्न ही नहीं उठता, क्योंकि प्रणाली तंत्र उसके लिए न्यूनतम स्तर पर ही तैयार रहता है।

देश को लूट व भ्रष्टाचार से पूरी तरह से निपटने के लिए ऊपर से लेकर नीचे तक— पुलिस स्टेशन से लेकर केंद्रीय एजेंसियों, आपराधिक न्याय आधारभूत ढाँचे (सॉफ्टवेयर व हार्डवेयर) कायापलट की आवश्यकता है।

आइए, हम मौजूदा आधारभूत ढाँचे की शीर्ष से जाँच करें। हम सबने सी.बी.आई. (सेंट्रल ब्यूरो ऑफ इंवेस्टीगेशन) के बारे में सुना है। यही केंद्र की एक एजेंसी है जो मौजूदा समय में गंभीर अपराधों की जाँच कर रही है। लेकिन इसे प्रमुखत: सफेदपोशों द्वारा किए जानेवाले अपराधों की जाँच के लिए बनाया गया था। अफसोस की बात है कि यह अपने आप में लोगों के विश्वास व आस्था को कायम रखने में राजनीतिक बयार के अनुसार अपने सर्द व गरम होने के अपने इतिहास के कारण सक्षम नहीं हो पाई। सी.वी.सी. (सेंट्रल विजिलेंस कमीशन) भी अपने प्रमुख पर लगे आपराधिक मामले के लंबित होने के कारण सुर्खियों में बना रहा। वास्तव में, यह एक सिफारिशी विभाग है और अपने निर्देशों को लागू नहीं कर सकता। यही स्थिति राज्य स्तर के सतर्कता विभागों की भी है। ये सभी एक ही बॉस के अंतर्गत हैं और मात्र सिफारिशी ही बने हुए हैं। इस कारण दोषी सही स्थान पर सही संपर्क के कारण बच निकलते हैं।

संबंधित राज्यों द्वारा उच्चतम स्थानों पर होनेवाले भ्रष्टाचार की जाँच करने के लिए जिन लोकायुक्तों का गठन किया गया था, वे भी अच्छी स्थिति में नहीं हैं। वे मात्र अतिरिक्त खर्च बने हुए हैं। वे जो कुछ भी जाँच या पूछताछ करते हैं, वह एक बार फिर सिफारिशी हो जाता है। लोकायुक्त की अध्यक्षता न्यायपालिका के सेवानिवृत्त अधिकारियों द्वारा की जाती है, जिनकी सलाह की या तो अनदेखी की जाती है या फिर सरकार में आए बदलाव के साथ उनके कार्यकाल को भी छोटा कर दिया जाता है। भारतीय संसद् में लोकपाल बिल सन् 1967 से लंबित है। यह अब तक लागू हो पानेवाला एजेंडा बना हुआ है।

वास्तव में, कोई भी कार्यकारी एजेंसी प्रमुख कार्यालयों में भ्रष्टाचार की पूछताछ एवं जाँच करने के लिए पर्याप्त रूप से स्वतंत्र नहीं है। यही कारण है कि भारत में भ्रष्टाचार इतना फला-फूला है और विवेकाधीन पदों पर आसीन लोगों को और अधिक लालची बना दिया है। उन्हें पकड़े जाने या लूटी गई राशि को वापस माँगने के डर से कोसों दूर कर दिया है।

पिछले कुछ वर्षों में भ्रष्टाचार का स्तर इस निर्लज्जता व चौंकानेवाले स्तर तक पहुँच गया है कि भारत को 'घोटालों की भूमि' कहा जाने लगा

है। भारतीय संसद् संयुक्त संसदीय समिति की माँग पर कोई कार्य नहीं कर रही है। इस समिति की माँग स्पेक्ट्रम आवंटन में प्रणाली तंत्र के असफल होने की जाँच की माँग करते हुए की गई, जैसाकि भारत के नियंत्रक व महालेखा परीक्षक द्वारा अनुमान लगाया गया। इसके चलते राष्ट्रीय कोषागार को 1.7 लाख करोड़ का घाटा सहना पड़ा।

हम भारतीयों के समक्ष चुनौती यह है कि अब से हम सतर्क रहें और बहुत ही सावधानी के साथ यह अध्ययन करें कि संसद् द्वारा केंद्रीय स्तर पर किस प्रकार का लोकपाल बिल लाया जाता है। हमें किसी ऐसे की आवश्यकता नहीं है, जो शुरुआत ही न करे, बल्कि हमें किसी ऐसे की आवश्यकता है, जो स्वतंत्र हो गैर- पक्षपातपूर्ण व्यवहार के साथ आगे बढ़े, जिसका कार्यकाल स्थिर हो और जो अपनी कार्यशैली में पारदर्शिता बरते। अभियोग पक्ष को दोषी के लिए स्थापित किए गए मानदंडों का, निर्धारित समय सीमा में बँधे हुए ट्रायल, गलत ढंग से प्राप्त किए धन को वापस करने और प्रभावशाली पद से हटाए जाने का अनुसरण करना चाहिए।

लोकपाल बिल के एक उचित प्रारूप को www.indiaagainstcorruption.org वेबसाइट पर पोस्ट कर दिया गया है। कृपया हमारे देश के भविष्य को सुरक्षित करनेवाले इस राष्ट्रीय आंदोलन का हिस्सा बनें।

□

25

क्या हम अपने जीवनकाल में परिस्थितियों में बदलाव देखेंगे?

मैं कई करोड़ के स्टांप पेपर घोटाले, जिसे 'तेलगी घोटाला' का नाम दिया गया, के मामले नित नए होनेवाले विकास का अनुसरण अपने घर से हजारों मील दूर तब से कर रही थी, जब से उससे संबंधित खबर को इंटरनेट पर डाला गया था। एक भारतीय के तौर पर मेरे लिए, इस संबंध में जो कुछ भी हुआ, उसने खतरनाक विषय पर चिंता को उठाया। यहाँ पर असाधारण आयामों का अपराध हुआ था, जिसने सीधे तौर पर राष्ट्रीय कोषागार को राजस्व के रूप में प्राप्त होनेवाले हजारों करोड़ रुपए को लूटकर कंगाल बना दिया। इसने उन लाखों मासूम लोगों को भी धोखा दिया, जिन्होंने इन छल करनेवाले स्टांप पेपरों को असली समझकर खरीदा।

इस केस में आरोपी ने स्टांप पेपरों को प्रिंट करनेवाली मशीन तथा इसी प्रकार के अन्य संवेदनशील उपकरणों को नीलामी के समय निष्ठुरता से समाप्त करने के बजाय खरीद लिया। फिर उन्होंने स्टांप पेपरों को बेचने के लिए विक्रेता लाइसेंस प्राप्त किया। इस केस में कई वरिष्ठ पुलिस अधिकारी, जिनमें मुंबई के पूर्व पुलिस कमिश्नर भी सम्मिलित थे, जेल गए।

हमें जग-जाहिर पुलिस-माफिया-राजनेताओं के गठजोड़ में कानून प्रवर्तन मशीनरी की कुल भेद्यता के विषय में और कितने प्रमाणों की आवश्यकता है? यह पूर्णतः स्पष्ट है कि हम सभी बिकने को तैयार हैं।

राष्ट्रीय स्तर पर हो रहे इस अपराध का खुलासा करने का श्रेय, जहाँ तक मुझे समझ आया है, व्यंग्यात्मक रूप से आंतरिक तौर पर तैयार की गई साहसिक रिपोर्ट और अनुवर्ती जाँच को जाता है, जिसे उसी समूह के कुछ पुलिस अफसरों द्वारा किया गया। इस रिपोर्ट को मीडिया द्वारा उठाया गया और फिर बिना डरे मुंबई उच्च न्यायालय के समक्ष एक जनहित याचिका के माध्यम से प्रस्तुत किया गया। लेकिन इस काम के लिए संभवतः राष्ट्रीय स्तर की यह धोखाधड़ी चलती जाती।

पुलिस-माफिया-राजनेताओं का गठजोड़ हर जगह दिखाई देता है, जैसाकि इस केस में हुआ, जो मुझे समझ में आया है। पुलिस आरोपी को एक निश्चित राशि के मूल्य पर गलत लोगों को बुक कर पुलिस अफसरों द्वारा उस अवस्था में महँगी गाड़ियों की सवारी करते हुए समुद्र के पास स्थित रिजॉट पर छुट्टी मनाने के लिए ले जाती है; जबकि उनके पास भुगतान करने के लिए वैधानिक तौर पर पर्याप्त आय नहीं होती। वह अपनी आंतरिक बौद्धिक क्षमता के बजाय खबरियों पर अधिक निर्भर होती है और इसी प्रकार के अन्य कृत्यों में सम्मिलित होती है।

वैसे तो राजनेताओं द्वारा अपना पद ग्रहण करते समय देश की सुरक्षा और अखंडता को बनाए रखने की शपथ ली जाती है; लेकिन अपने कार्यकाल में अपनी शपथ को पूरा करने के बजाय वे उसे बेचने को तैयार हो जाते हैं। चुने गए सदस्य पाँच-सितारा होटलों में मुफ्त आवभगत करवाने जाते हैं और उनके उस आनंद का बिल संदिग्ध छविवाले व्यक्तियों द्वारा भुगतान किया जाता है। प्रमुख गवाहों की हत्या हो जाती है और मुख्य आरोपी पर मामला दर्ज तक नहीं किया जाता इत्यादि। कोई भी हिरासत में आए आरोपी के पास मौजूदा आय से अधिक संपत्ति पर नजर नहीं डालता। वे बिना किसी डर के गलत ढंग से एकत्रित किए गए अपने धन का प्रदर्शन करते हैं।

यदि मकान मालिक की जमीन का प्रयोग आपराधिक कार्यों के लिए होता है तो मकान मालिक की क्या जिम्मेदारी बनती है? जहाँ पर इस प्रकार का अपराध खुलेआम हो रहा हो, बल्कि रिपोर्ट किए जाने के पूर्व, पर पुलिस की क्या जिम्मेदारी होती है? इसका आश्वासन कौन देगा कि

जाँच पूरी ईमानदारी के साथ होगी और आरोपी को चार्जशीट किए जाने से पूर्व छोड़ा नहीं जाएगा? इसका आश्वासन कौन देगा कि किसी भी संदेहास्पद व्यक्ति को राजनीतिक पार्टियों का सदस्य और नौकरशाह बनाने से पूर्व उसके चरित्र का सत्यापन किया जाएगा?

कौन इसके प्रति आश्वस्त करेगा कि जाँच अधिकारी द्वारा जो रिपोर्ट सौंपी जाएगी, उस पर वरिष्ठ अधिकारियों व निरीक्षकों द्वारा तय समय सीमा के भीतर अपनी जवाबदेही—कि कोई भी मामला बिना सुलझाए या बिना चार्जशीट दाखिल किए या वास्तविक आरोपी को पकड़े पूरा होने का दावा यह कहते हुए नहीं किया जाएगा कि यह सरगना है—के साथ प्रतिक्रिया दी जाएगी? कौन यह आश्वासन देगा कि पुलिस स्टेशन में दर्ज किए गए मामलों का उपयोग लोगों को छिपाने के लिए नहीं किया जाएगा, बल्कि इसका उपयोग न्याय की प्रक्रिया में पहले के तौर पर किया जाएगा?

कौन इस पेचीदा, अतिक्रमण करनेवाले और अवैध प्रणाली से निकलने के लिए समाधान उपलब्ध करवाएगा, जो तेलगी जैसे आरोपी को न केवल बचने के मार्ग प्रदान करती है, बल्कि उसे फलने-फूलने के भी पर्याप्त अवसर देती है। मीडिया को अपने लक्ष्य के प्रति दृढ़ बने रहना होगा और हमारी राष्ट्रीय सुरक्षा से संबंधित इतने महत्त्वपूर्ण विषयों की रिपोर्टिंग करनी होगी। हो सकता है कि लोगों की स्मृति कम समय की होती है, लेकिन मीडिया को भी ऐसा करने की कतई आवश्यकता नहीं है।

और ईश्वर को अन्ना हजारे तथा उनकी टीम और अन्य सम्माननीय जजों द्वारा दायर जनहित याचिकाओं के लिए हम धन्यवाद देते हैं। आइए, हममें से कोई भी यह न भूले कि सर्जरी को पूरा करने के लिए नियमित तौर पर जाँच करते रहने की आवश्यकता होती है। अन्यथा हम सभी इस कैंसर से इस रूप में या अन्य रूप से प्रभावित होना जारी रखेंगे।

क्या हम अपने जीवन काल में इस दिशा में कोई बदलाव देखेंगे?

यदि भारतीय लोकतंत्र के लिए जातिगत और वोटों की गिनती से

परे हटना अति आवश्यक है तो फिर भारत के नागरिकों के लिए उन मार्गों व माध्यमों की माँग करना भी आवश्यक है, जिससे भ्रष्टाचार और उसमें भरपूर योगदान देनेवाले पुलिस-माफिया-राजनेताओं के गठजोड़ पर नजर रखी जा सके।

□

26

संघर्ष के बजाय संकल्प में जीएँ

देश सभी स्तरों पर भ्रष्टाचार को रोकने और भ्रष्टाचारियों को सजा देने हेतु एक व्यापक एवं प्रभावशाली प्रणाली के लिए पुकार कर रहा है।

चुने गए प्रतिनिधियों और उन्हें चुननेवाले लोगों के बीच की गहरी खाई बुनियादी हकीकत है। लेकिन जैसे ही चुनावों का समय करीब आता है, वोटों के माँगनेवाले हाथों को जोड़े हुए आम जनता के सामने ताजा जनादेश के लिए वापस आते हैं, जिनके बारे में यह सोचते हैं कि उनको वोट देने के बाद वे उनसे कोई प्रश्न न करें।

लोग बेचारे बनकर अपने द्वारा चुने गए प्रतिनिधियों को भ्रष्टाचार में लिप्त होने के गवाह बने रहते हैं और फिर भी वे जनता की लागत पर ही दोबारा चुने जाते हैं। जनता के पास उनको अस्वीकार करने का कोई अधिकार नहीं होता। वे दानवों व गहरे नीले समुद्र के बीच में से चुनाव करने के लिए मजबूर होते हैं। यहाँ पर बहुत बड़ी मात्रा में भरोसे की कमी मौजूद होती है।

लेकिन आज का मतदाता बदल रहा है। अब उसके पास पहले से अधिक जानकारी होती है, जिसका श्रेय तकनीक और मीडिया को जाता है। वे चाहते हैं कि उनकी ओर ध्यान दिया जाए और उनकी बात सुनी जाए।

जब लोग अन्ना हजारे के नेतृत्व में एक स्वतंत्र भ्रष्टाचार-विरोधी प्राधिकरण के निर्माण हेतु एकत्र हुए तो लोगों द्वारा यह कदम वर्षों तक राष्ट्रीय स्तर पर होनेवाली लूट का खुलासा इस शर्मनाक ढंग से हुआ कि

उन लुटेरों की गिरफ्तारी में अधिकारियों की असंगत प्रतिक्रिया भी खुले तौर पर सामने आई। इसने मौजूदा प्रवर्तन मशीनरी में व्यापक स्तर पर मौजूद अपर्याप्तता को उजागर कर दिया।

आंतरिक व बाहरी दबाव के कारण सरकार ने 42 वर्ष से सुप्त पड़े लोकपाल बिल के ऊपर जमी धूल को झाड़ा और उसे पुनर्जीवित किया। स्वयं अपनी मजबूरियों के कारण यह बहुत ही कमजोर संस्करण के साथ सबके समक्ष आया। इसके पश्चात् ही आम नागरिकों ने इस संदर्भ में अपने कदम आगे बढ़ाने का विचार किया और कमजोर बिल का जवाब देते हुए मौजूदा चुनौतियों से निपटने के लिए भ्रष्टाचार-विरोधी व्यापक विभाग का निर्माण करने हेतु बिल तैयार किया।

इस दिशा में आगे जो कुछ भी हुआ, अब वह इतिहास बन चुका है।

लेकिन यहाँ पर सबसे महत्त्वपूर्ण विषय यह था कि अन्ना हजारे और कानून को अच्छी तरह से जानने-समझनेवाली उनकी टीम के साथ पाँच सदस्योंवाली सरकार के मंत्रियों की टीम के बीच कई मुलाकातें करने के बाद भी दो काफी मजबूत भिन्न-भिन्न विचार उभरे। सरकारी संस्करण इस देश के लोगों को लेकर एक धोखा था, बल्कि इसने विषय को और भी अधिक जटिल व पेचीदा बना दिया।

इस मान्यता को स्थापित करनेवाले मूल अंतर इस प्रकार हैं—

- **चयनित पैनल के आधार पर :** आम जनता के बिल में दो चयनित राजनेताओं, चार सेवारत जजों और दो स्वतंत्र संवैधानिक प्राधिकरणों को प्रस्तावित किया गया। सरकारी प्रस्ताव में छह चयनित राजनेता (जिसमें से पाँच सत्तारूढ़ पार्टी के थे), दो सेवारत जज और दो अधिकारी थे। यह पहला सबसे बड़ा अंतर था—जो पार्टी सत्ता में थी, वह लोगों द्वारा प्रस्तावित संतुलित बिल के विरुद्ध पैनल पर अपना प्रभुत्व स्थापित कर चुकी थी।
- **खोजी समिति के आधार पर :** आम जनता द्वारा जिस बिल को प्रस्तावित किया गया, उसमें देश से सबसे बेहतर प्रतिभाओं की देशव्यापी खोज व सहयोजन को पारदर्शी ढंग से करने का आश्वासन दिया गया। आम जनता द्वारा दस सदस्योंवाली एक

समिति को प्रस्तावित किया गया, जिसमें पाँच सेवानिवृत्त जज, नियंत्रक व महालेखा परीक्षक और मुख्य चुनाव आयुक्त तथा पाँच सदस्यों का चुनाव समाज के आम लोगों में से होना था, सम्मिलित थे। इस प्रकार देश में भ्रष्टाचार से निपटने तथा देश के प्रमुख लोगों के लिए प्रमुख भूमिका निभाने का अवसर मिला। बिल के आधिकारिक संस्करण में इस प्रकार का कोई विशेष प्रावधान नहीं था। यह संरक्षण के लिए खुला था।

- **व्यक्तिगत सुनवाई के आधार पर :** आधिकारिक बिल में तीसरा गंभीर अंतर आरोपी के लिए जाँच के बाद सभी स्तरों पर संभवतः और व्यक्तिगत सुनवाई का प्रावधान था। इससे मुकदमेबाजी और विलंब के लिए अवसर मिलेगा। सरकार ने निम्नलिखित चरण प्रस्तावित किए—जाँच, लोकपाल को रिपोर्ट करना, आरोपी की सुनवाई, जाँच और अंतिम आरोप-पत्र से पूर्व एक और सुनवाई। बल्कि ऐसे मामलों में भी जिसमें परोक्ष रूप से किसी व्यक्ति की छवि प्रभावित होने वाली हो, समान अवसर अवश्य प्रदान किए जाने चाहिए। आम जनता द्वारा तैयार किए गए प्रारूप में कानूनी नियमों के अनुसार प्रारंभिक जाँच के बाद आरोपी को जाँच प्रक्रिया व पूछताछ से गुजरना होगा—अपने बचाव या स्वयं को दोषी ठहराने हेतु प्रारंभिक सुनवाई नहीं होगी। वह अपना बचाव कानूनी नियमों के अंदर न्यायिक अदालत के समक्ष करना होगा।
- **लोकतंत्र के आधार पर :** इन दो प्रारूपों में एक बड़ा अंतर यह था कि आधिकारिक बिल के प्रारूप में लोकतंत्र को संयुक्त सचिवों के अंतर्गत लोकपाल के दायरे से बाहर रखा। इसका अर्थ यह हुआ कि आम आदमी, जिनका सामना इन अधिकारियों से अपनी आवश्यकता हेतु सेवाएँ लेने के लिए होता है, को स्वयं का बचाव करने के लिए छोड़ दिया।
- **देरी होने के आधार पर :** आधिकारिक बिल में नागरिक चार्टर का जो प्रावधान था, उसमें सेवा करने में हुई देरी के लिए किसी

प्रकार कोई पैनल प्रावधान नहीं बनाया गया था, जबकि आम जनता द्वारा तैयार किए गए बिल में ऐसा किया गया था। इस चूक के द्वारा संदेश प्रेषित किया गया कि भ्रष्टाचार केवल व्यावसायिक स्तर पर है और रिश्वत की माँग एक छोटा सा बदलाव है, जिसके साथ जीना आम आदमी को सीखना होगा।

- **अधिकार-क्षेत्र के आधार पर :** एक अन्य गंभीर विषय, जिस पर ध्यान देने की आवश्यकता थी, वह था सरकार द्वारा लोकपाल बिल में यह प्रस्तावित किया गया कि इसके साथ एक और एकल तौर पर काम करनेवाला विभाग होगा। इसे न तो केंद्रीय सतर्कता आयोग को दिया गया और न ही सी.बी.आई. के भ्रष्टाचार-विरोधी प्रभाग को स्थानांतरित किया गया, जबकि यह उनकी भाँति ही सब काम कर रहा था। लोकपाल को विशेष तौर पर लंबित पूछताछ या जाँच से संबंधित किसी भी बात के अधिकार-क्षेत्र को प्राप्त करने में बाधा उत्पन्न की गई। यहाँ पर भ्रष्टाचार से संबंधित सभी पुराने कृत्य, यदि वे जाँच के दायरे में थे, को लोकपाल के दायरे से बाहर रखा गया।

यदि इस प्रकार का लोकपाल भी आता है तो यह कानून को लागू करने की चरमराती व्यवस्था पर एक और चोट लगाने के समान होगा और मौजूदा कमजोरियों की संख्या में यह मात्र वृद्धि ही करेगा। भ्रष्टाचार-विरोधी मशीनरी को मजबूत करने के बजाय यह उसको और भी अधिक धीमा करेगा। इसके अतिरिक्त इसका निर्णय कौन करेगा कि कौन सा विषय किसके पास जाएगा? हम इसके समाधान, प्रधानमंत्री या मैडम? के बजाय मतभेद में जीवन जीने के लिए मजबूर होंगे?

□

27

विश्वासघातियों पर नजर रखें

मैं एक ऐसे शहर की यात्रा कर रही थी, जहाँ मैं स्वयं को प्रतिपल घर जैसा महसूस करती थी। मैंने इस शहर को उस समय से देखा है, जब मेरा जन्म हुआ था। उन दिनों यह सबसे अच्छे शहरों में से था, जहाँ पर कोई व्यक्ति अपने जीवन को खुशी-खुशी व्यतीत कर सकता है। वहाँ पर सभी का स्वागत होता था और माहौल पूरी तरह से खुशनुमा था। सबसे अच्छी बात यह थी कि कहीं भी आना-जाना, शहर में घूमना बहुत ही आसान था। हम लड़कियाँ खुद को सुरक्षित महसूस करती थीं। हमारे आसपास बहुत सारी खुशियाँ थीं।

फिर एक समय वह आया, जब कट्टरपंथियों द्वारा की गई हिंसा और तबाही के कारण सबकुछ खो गया। औद्योगिक उत्पादन में वृद्धि समाप्त हो गई। सुरक्षा पर खतरे के कारण सांस्कृतिक रचनात्मकता समाप्त हो गई। यह शहर लोगों के उड़ान भरने का केंद्र बन गया था। हर कोई जो सक्षम था, भय और निराशा के चलते शहर को छोड़कर चला गया। लोग अपनी नौकरी खो बैठे और घर में हमले के डर के कारण बंद होकर रह गए। आमतौर पर शाम के समय व्यस्त रहनेवाली सड़कें खाली हो गईं। शहर, जहाँ पर समृद्ध व्यवसायी रहा करते थे, खाली हो गए। सड़कों पर से सभी दुकानें गायब हो गईं, संभवत: उन्हें वहाँ से स्थानांतरित किया गया या लूट लिया गया। दूसरी जगहों से आए कुशल कारीगर अपने जीवन की रक्षा के लिए वहाँ से चले गए।

लेकिन यह सब कुछ दशकों पहले की बात है।

मेरी जड़ें जिस शहर में हैं, उसे देखकर ऐसा नहीं लगता कि अब भी वह, जैसाकि उस शहर के निवासियों ने बताया है, उस हादसे से उबर नहीं पाया है। वर्षों पूर्व जो जीवंत औद्योगिक प्रभुता थी, वह लौटकर वापस नहीं आई। बढ़ती जनसंख्या और इससे प्राप्त परिणामों के कारण समस्याएँ और भी बढ़ गईं। मार्ग और सड़कें दुकानदारों और सामान बेचनेवालों, जो अपनी जीविका कमाने के लिए वहाँ पर थे, से बुरी तरह से प्रभावित हुए। यह सब देखना बहुत ही पीड़ादायक था, जो मेरे विचार से यह मात्र इतने वर्षों की उपेक्षा का ही परिणाम है। दूसरे शब्दों में कहा जाए तो यह आधारभूत स्तर पर खराब प्रशासन का ही परिणाम है।

मैंने इस शहर में मुख्य और बड़े मार्गों पर काफी खुदी हुई सड़कों, निर्माणाधीन परियोजनाएँ, जो लगभग ठप्प पड़ी थीं, भीड़भाड़वाली, अनियमित यातायात में, केवल कुछ चयनित वी.आई.पी. लोगों के सड़कों से गुजरने के पलों को छोड़कर गाड़ी चलाई है। इस संबंध में यह जानकारी है कि प्रमुख इंटर सिटी मार्ग पर प्रतिदिन मार्गों में इंजीनियरिंग गड़बड़ी के कारण घातक दुर्घटनाएँ होती हैं।

मैंने देखा कि वहाँ पर शायद ही ऐसा कोई तिपहिया ऑटो ड्राइवर हो जिसके पास वाहन से संबंधित सही दस्तावेज, चाहे वह पंजीकरण प्रमाण-पत्र हो या ड्राइविंग लाइसेंस मौजूद हो। और प्राधिकरण उन्हें इसके लिए पकड़ भी सकता हो, क्योंकि वे ऐसा या तो अपने जीविका चलाने के लिए करते हैं या राजनीतिक औचित्य के चलते करते हैं।

घरों के बाहर जो सड़क बनाई गई है, वह दिन-प्रतिदिन संकीर्ण होती जा रही है। आवासियों के प्रमुख द्वार सीधे तौर पर लेन में खुलते थे, जबकि सड़कों और घरों के बीच में कुछ दूरी होनी चाहिए। ऐसा पुराने शहरों में ही नहीं था, जो कि संकीर्ण हो सकते थे, लेकिन नए व योजनाबद्ध तैयार शहरों का भी यही हाल था। लेन के साथ पहले जहाँ अच्छी-खासी कार को खड़ा किया जा सकता था, अब दोपहिया वाहनों को खड़ा करने की जगह भी मुश्किल से दिखाई दे रही थी।

वहाँ पर विधवा महिलाओं की ऐसी कॉलोनियाँ थीं, जिनमें वे महिलाएँ रहती थीं, जिनके पति शराब पीने या अत्यधिक ड्रग्स लेने के कारण मारे

गए थे। मृतकों के पीछे रह गई महिलाएँ व बच्चे इतने गरीब थे कि उनके खाने का पहला निवाला उस घर से आता था, जो स्वेच्छा से सहायता के लिए आगे आता था। वह घर दिन के समय उनके लिए स्कूल भी होता था।

मुझे बताया गया कि नगरपालिका के पास धनराशि समाप्त हो चुकी है। वह वोटों को खोने के डर से किसी भी चीज पर कर नहीं लगा सकती। परिणाम यह निकला कि आधारभूत सुविधाओं, जैसे—सड़कें, स्ट्रीट लाइट, स्कूल और पेंशन का भुगतान करने के लिए धनराशि, स्वास्थ्य सेवा और अन्य सामाजिक सेवाओं के लिए धन नहीं बचा। ये सभी बातें शहर में रहनेवाले लोगों के जीवन की गुणवत्ता को प्रभावित कर रही थीं।

मैं यह देखकर हैरान थी कि ये सभी दुरारोह विषय थे।

नहीं, यह नहीं थे—अधिकारी को अपने ऊँचे पदों से उतरे और लोगों के साथ हो जाए। इन टूटी-फूटी सड़कों पर बिना किसी वी.आई.पी. साइरन के गाड़ी चलाएँ। इन खुदी हुई सड़कों पर काम करने से संबंधित परियोजनाओं पर निगरानी रखने के लिए स्थान समन्वय समूह का गठन किया जाए। सरकार लोगों को मुफ्त सुविधाएँ न दे और अपने खजाने को खाली न करे, बल्कि जो लोग सेवाओं के लिए भुगतान कर सकते हैं उनसे अवश्य भुगतान प्राप्त करे।

अत: आम नागरिक क्या कर सकते हैं? क्या उनके पास कोई विकल्प है?

हाँ, वे अपने वोट देने की ताकत का प्रयोग अवश्य करें।

आप अभी इसी ताकत को महसूस करें। ऐसे नेता को वोट दें, जो शहर की आवश्यकताओं को पूरा करने के प्रति पूरी तरह से समर्पित हो। शहर का समाज, जिसमें युवा वर्ग भी सम्मिलित हो, मिलकर सामने आए और अपने शहर के लिए एक एजेंडा तैयार करे। उसमें वे अपनी सभी आवश्यकताओं को सूचीबद्ध करें। उसे उम्मीदवार के समक्ष प्रस्तुत करें और उन्हीं को वोट दें, जो उनका सम्मान करें और उन्हें पूरा करने के प्रति सजग हो। इस प्रकार यह उन्हें चुनावों के बाद भी जवाबदेह बनाएगा। यह मतदाताओं और चयनित प्रतिनिधियों के बीच एक सेवा- संविदा की भाँति

होगा। अब तक, केवल न पढ़े जानेवाले घोषणा-पत्र होते थे, जिनके लिए चयनित प्रतिनिधि कभी भी जवाबदेह नहीं होता था।

यह समय यह देखने का भी है कि चुनावों में पड़नेवाला प्रत्येक वोट विश्वास पर डाला गया मत हो, उस भरोसे पर दिखाया गया विश्वास, जो उम्मीदवार और उसकी पार्टी द्वारा लोगों को दिलाया गया है। और इस भरोसे को तोड़ना उन्हें भारतीय दंड संहिता की धारा 406 (विश्वासघात) के तहत दोषी बनाए और इसके लिए उन पर कार्रवाई की जा सके। संभवत: यह एक नया राजनीतिक कार्य होगा और आम जनता द्वारा इसे सूचना के अधिकार कानून के तहत कार्यान्वित किया जा सकता है।

क्या वास्तव में शीघ्र ही ऐसा होगा या यह अनावश्यक है। सत्य तो यह है कि भारतीय लोकतंत्र के आनेवाले युग में एक दिन यह आम जनता द्वारा प्रदर्शन करने हेतु मजबूर करने का सबसे बड़ा हथियार होगा।

□

28

नेतृत्व का आदर्श नमूना

हाल ही में वरिष्ठ अधिकारियों के बीच हुई एक चर्चा, जिसकी गवाह मैं भी बनी, में प्राप्त हुई कुछ जानकारियाँ इस प्रकार हैं। यदि आप कानून की किताब पढ़ेंगे तो हम यहाँ पर किसलिए हैं? पुलिस सेवा में भरती हुए एक नए पुलिसवाले ने स्थानीय नेता द्वारा पूछा, जो पूरी ईमानदारी के साथ कानूनी नियमों का पालन कर रहा था। उस युवा पुलिसवाले के लिए यह निर्धारित था कि वह शिक्षा का अनुसरण करते हुए अपने सभी कार्य करेगा, जो उसे अकादमी में उसके शिक्षकों द्वारा दी गई है।

एक और आवाज ने कहा, कुछ स्थानीय प्रतिनिधि सोचते हैं कि केवल प्रचलित विषयों को उठाना ही उनका प्रथम उत्तरदायित्व और यह वैधानिक नहीं है। वे भूल जाते हैं कि जिन कानूनों का अनुसरण किया जाता है, वे उन्हीं के द्वारा बनाए जाते हैं। एक व्यक्ति ने कहा, वर्ष 1990 तक, जब दंगे भड़के और राजनीति के अधिकार को वापस ले लिया गया। अब कुछ राजनेता दंगों में अपने लिए सक्रिय तौर पर भूमिका तलाशने लगे। एक अन्य सदस्य ने कहा—पुलिस बल मानसिक बीमारी से पीड़ित है। यह लोगों को विभाजित करनेवाली संस्कृति है। इसे अपने जीवन को बनाए रखने के लिए राजनेताओं व उत्तरदायित्व के लिए कानून पर निर्भर रहना पड़ता है। हमें स्पष्ट आदेशों की शृंखला की आवश्यकता है। एक वरिष्ठ व्यक्ति ने कहा, यहाँ पर कुछ वरिष्ठों के बीच यह डर बना रहता है कि यदि एक वरिष्ठ डी.जी.पी. द्वारा आदेश दिया जाएगा तो कोई उनके आदेश को मानेगा? यदि नियुक्ति करने का अधिकार पुलिस का नेतृत्व

करनेवालों के हाथ में नहीं है तो इसके लिए जवाबदेह कौन है?

क्या इस प्रकार की निराशाजनक स्वीकृति वर्तमान समय में समाधान को ढूँढ़ने में किसी प्रकार की देरी कर सकता है? सभी संभावित दिशाओं से इस दिशा में आगे बढ़ने की आवश्यकता है। लेकिन, सबसे महत्त्वपूर्ण यह है कि वहाँ पर ऐसा प्रतीत होता है कि जहाँ पर नेतृत्व जवाबदेही से संबंध रखता और उसे स्पष्ट करता है वहाँ पर उसे बलपूर्वक संगृहीत करने की आवश्यकता है। एक बार जब उत्तरदायित्व को उपयुक्त स्थान या अवस्था पर संगृहीत कर दिया जाएगा तो यह उस विश्वास पर खरा उतरने की जिम्मेदारी मात्र उसी व्यक्ति की होगी, जिसके पास उसे संगृहीत किया गया है। जवाबदेही दृष्टिगोचर और स्थायी है, चाहे वह उसे पूरा करे या उससे बचकर निकल जाए। हालाँकि, यह तब भी सही दिशा की पंक्ति को समाप्त या उससे दूरी को नहीं बढ़ाएगा। वह स्थायी रहता है। हमें इस बात के लिए डरने की आवश्यकता नहीं है कि यह इस प्रकार से समान रूप से प्रभावशाली होगा जिससे कि चुनाव संबंधी उत्तरदायित्व स्थायित्व बना रहे। लेकिन चयनित प्रतिनिधियों को एक सीमा रेखा तय करने की आवश्यकता है। अफसोसजनक बात यह है कि यही संतुलन अब कहीं खो गया है।

प्राय: हम लोग जनसेवकों के लिए नेतृत्व में चुनौतियों के विषय पर बहस सुनते हैं। यह सेवकों, नेतृत्व और चुनौतियों के बीच एक अद्भुत अंतर्विरोध है। सेवक से यह अपेक्षा की जाती है कि वह सभी आदेशों का पालन करे। वह सबसे अच्छा हाउसकीपर हो सकता है। वह व्यक्ति व्यवस्थापक हो सकता है, जिसके पास घर को सही ढंग से रखने का कौशल हो, अच्छा खाना पकाए और परोसे, घर पर आनेवाले मेहमानों के साथ अच्छी तरह से पेश आए, घर पर आनेवाले फोन कॉल्स का जवाब पूरी कुशलता के साथ दे, किसी से मिलने हेतु समय तय करे, गोपनीयता बनाए रखे, सुरक्षा को ध्यान में रखते हुए काम करे, बुजुर्ग और जरूरतमंदों की सहायता के लिए तत्पर रहे, बच्चों की देखभाल करे, बल्कि जब आवश्यकता हो तो कार भी चला सके। लेकिन वह नेतृत्व की कमान कैसे सँभाल सकता है? वह घर को नवीन करने का निर्णय किस प्रकार ले

सकता है? या घर का बिलकुल अलग ढंग से रंग-रोगन किस प्रकार करवा सकता है? अथवा नया फर्नीचर खरीदने का निर्णय ले सकता है? या कोई नया यंत्र खरीद सकता है? या बच्चे को किसी अलग स्कूल में भेज सकता है? या आपको यह बता सकता है कि आपको कौन सी पोशाक पहननी चाहिए? अत: जब उसकी भूमिका केवल रोजमर्रा के कामों तक सीमित है तो इसमें नेतृत्व कहाँ पर है, जिसे चुनौतियों के साथ पूरक माना गया है?

केवल एक स्वतंत्र व्यक्ति ही नेतृत्व के कार्य अच्छी तरह से पूरा कर सकता है। घर की देखभाल करनेवाला कभी स्वतंत्र नहीं होता। उससे यह अपेक्षा की जाती है कि वह वही कार्य करे, जो उनसे करने को कहा जाए। वे जब भी आदेश का पालन नहीं करेंगे या अनुशासनहीनता का प्रदर्शन करेंगे तो उनको काम से हटाया जा सकता है। उन्हें अपने स्वामी के उठने से पहले उठना होता है और दिन भर का काम खत्म करने के बाद अपने मालिक के सोने के बाद सोना होता है। उनके पास आराम करने का कोई अधिकार नहीं होता। वे सभी प्रकार से अपने स्वामी के अधीनस्थ होते हैं। हालाँकि, जब मालिक घर से बाहर होता है तो घर की देखभाल करनेवाला सेवक शासक बन जाता है। वह चोरी कर सकता है, अपने दोस्तों को बुलाकर आनंद मना सकता है, फिसल सकता है, स्थान का गलत ढंग से प्रयोग कर सकता है, सो सकता है। वह जो भी चाहता है या खा सकता है, उसे खा सकता है, गुप्त जानकारियों को उजागर सकता है और जब तक पकड़ा नहीं जाता तब तक के लिए भाग सकता है। इस प्रकार के प्रदर्शन के पश्चात् क्या हमें लोकसेवा में कार्यरत अधिकारियों को जनसेवक के नाम से पुकारना जारी रखना चाहिए? 'नहीं', यह जवाब मुझे एक साथ बहुत से लोगों द्वारा दिया गया।

अत: पहला कदम जो उठाना होगा, वह यह होगा कि हम वर्गीकरण में बदलाव करें—सरकारी सेवा में कार्यरत अधिकारियों को 'जनसेवक' कहना बंद कर दें। इसके बजाय उन्हें 'जन अधिकारी' कहें। उनका उत्तरदायित्व एक कुशल व प्रतिक्रियात्मक प्रशासन उपलब्ध करवाना हो। उन्हें लोकसेवा में एक अधिकारी के तौर पर काम करने के लिए चुना,

नियुक्त और प्रशिक्षित किया जाता है। एक बार जब उनको न तो 'जनसेवक' कहकर संबोधित किया जाएगा और न ही देखा जाएगा तो वही अधिकारी (या जिन्हें भी इस समूह से संबंध रखने के लिए चुना जाए) तथाकथित घर की देखभाल करनेवाले में आवश्यक तौर पर एक अलग मानसिकता एवं नेतृत्व का विकास करना होगा। उसके पश्चात् ही वे अपने सामने नेतृत्व के अभ्यास के साथ आनेवाली चुनौतियों का सामना करेंगे।

जनसेवक से जनाधिकारी में परिवर्तित होने का अर्थ है—बिना किसी का दास बने अधिकारी का सम्मान करना, पहल करना, श्रेय को बाँटना, नियंत्रण करने की संस्कृति को तोड़ना, विकास को प्रोत्साहित करना, सुलभ कुशलता को प्राप्त करना, लोगों का सशक्तीकरण करना, कर्तव्यनिष्ठ बनना, पहले से अधिक संपर्क स्थापित करना, टीम वर्क का अभ्यास करना, अखंडता बनाए रखना और एक मिशन के लिए काम करने के उत्साह के साथ काम करना।

चुनौतियाँ यह हैं कि जनाधिकारियों को संकीर्ण सोचवालों, अंदर और बाहर अपने स्वार्थ को सर्वोपरि माननेवालों, जिसमें परिवार और मित्र भी सम्मिलित हैं, की ओर से चुनौतियों का सामना करना है और होगा। लेकिन सबसे बड़ी चुनौती अधिकारियों द्वारा चुने गए विकल्पों की ओर से होगी। जिन विकल्पों पर वह काम करेगा, वह उसकी अपनी प्रवृत्ति व मान्यता, उसकी स्वयं की आवश्यकता व मजबूरी पर आधारित होगा।

आधारभूत चुनाव जो कि उस व्यक्ति द्वारा किया जाना है—वह यह है कि वह जनसेवक बनता है या घर की देखभाल करनेवाला अथवा जनाधिकारी, जिसकी अपेक्षा उससे लोग करते हैं।

□

29

स्वप्नदर्शी नेता

मुझे एक कक्षा में 'स्वप्नदर्शी टीम लीडरों का विकास' के विषय पर वक्तव्य देने के लिए बुलाया गया। वह कक्षा सार्वजनिक क्षेत्र की कंपनियों के वरिष्ठ प्रबंधकों से भरी हुई थी। प्रतिभागी नेतृत्व के विकास से संबंधित विषय पर कोर्स के तहत वहाँ उपस्थित थे। वह विषय, इन दिनों को देखते हुए, जब हम संपूर्ण विश्व में और अपने देश में भी नेताओं के उदय व अस्त के साक्षी बनते हैं, काफी रोचक था। मीडिया वहाँ पर घट रही घटनाओं के बारे में काफी सुवक्ता थी कि पाठक और दर्शक स्पष्ट तौर पर यह जान सकते थे कि क्यों कुछ लोग असफल हो जाते हैं और कुछ थोड़े सफल हो जाते हैं।

इसलिए मैंने अपनी बात के प्रारंभ में कक्षा से वर्तमान नेताओं के बारे में उनके अनुभव से संबंधित कुछ उचित प्रश्न पूछने का निश्चय किया। वे उन्हें किस प्रकार से देखते हैं? वे एक स्वप्नदर्शी नेता के तौर पर उनके प्रदर्शन को किस प्रकार से श्रेणीबद्ध करेंगे। मेरे लिए यह स्वयं सीखने का एक मार्ग था। अब, सबकुछ इसी पर निर्भर करता है कि वे किस प्रकार के उत्तर देते हैं।

वहाँ पर लगभग 200 वरिष्ठ अधिकारी उपस्थित थे, और एक के बाद एक मैंने उनमें से प्रत्येक द्वारा दिए गए उत्तर को बोर्ड पर लिखा, जिससे कि वे यह जान सकें कि अन्य की सोच क्या है। इसके अतिरिक्त मैंने बार-बार मिलनेवाले एक ही उत्तर को मिटाया भी। मैं इसे लिखना चाहती थी, जिससे कि मैं बाद में इसपर वापस लौट सकूँ। इसका कारण

यह था कि आप जैसे ही उसे पुनः पढ़ें तो उसकी जानकारी आपको हो जाए।

यह बहुत ही रोचक खोज थी और आज के समय में उस प्रत्येक व्यक्ति के लिए इसकी जानकारी अति आवश्यक थी, जो किसी भी क्षमता पर नेतृत्व की कमान सँभाले हुए हैं। उसके लिए यह जानकारी स्वयं से प्रश्न करने के लिए आवश्यक है कि वह इस पद पर बने रहने के योग्य है या नहीं?

वरिष्ठ प्रबंधक इस प्रकार से आज के नेतृत्व की ओर देखते हैं—

- उनके पास उत्तरदायित्व नहीं है।
- वे उसका अभ्यास नहीं करते, जो वह कहते हैं।
- वे मौखिक और व्यावहारिक तौर पर हिंसा का प्रयोग करते हैं।
- उनमें गंभीरता की कमी होती है।
- वे जिम्मेदारियों को दूसरों की ओर स्थानांतरित कर देते हैं।
- वे छोटा व लघुकालीन लक्ष्य बनाते हैं।
- वे अनियंत्रित भ्रष्टाचार को स्वीकृति देते हैं।
- वे स्वार्थी होते हैं।
- वे बेईमानी में जीते और उसमें लिप्त होते हैं।
- वे पाखंडी होते हैं।
- वे असंवेदनशील होते हैं।
- उनमें समर्पण की कमी होती है।
- वे अपनी आवश्यकता से अधिक प्रशंसा करते हैं।
- वे खराब आदर्श के नमूने प्रस्तुत करते हैं।
- उनमें झूठा सम्मान होता है।
- उनकी मानसिकता सामूहवाली होती है।
- वे राष्ट्रीय हित के बहुत से विषयों से अनजान होते हैं।
- उसमें उनके अपने हित निहित होते हैं।
- वे दुविधा में रहते हैं।
- प्रायः इनमें से कई अनैतिक होते हैं।
- कई आपराधिक पृष्ठभूमि के या अपराधी होते हैं।

- कई भरोसा करने योग्य नहीं होते।
- उनके छुपे हुए एजेंडा होते हैं और वे जनहित के कार्य करने का मुखौटा पहने रहते हैं।
- वे सत्ता के भूखे होते हैं।
- वे कायर होते हैं और अपने राज खुल जाने से डरते हैं।
- वे मात्र अवसरवादी होते हैं।
- वे हर परिस्थिति में अपनी बात मनवानेवाले होते हैं।
- वे लोगों का शोषण करते हैं।
- वे अंधविश्वासी होते हैं।
- वे घमंडी होते हैं।

यह सूची वास्तव में बहुत लंबी थी। एक बार जब सभी प्रबंधकों ने अपनी सूची दे दी, मेरे प्रश्नों का उत्तर मुझे मिल गया। वे दूसरों को इसी प्रकार देखते हैं। अब मैंने उनसे कहा कि वे स्वयं का परीक्षण करें और यह देखें कि इनमें से कितनी खामियों से वे स्वयं पीड़ित हैं। मैंने उनसे कहा कि जब आप दूसरे लोगों की कमजोरी को देख रहे थे, दूसरे आपकी कमजोरियों को देख रहे थे।

अतः इस चर्चा का संदेश यह था कि जब भी आप दूसरों की कमियों को देखते हैं तो आपके लिए भी यह आवश्यक हो जाता है कि आप स्वयं को भी देखें कि कहीं वे कमियाँ आपके अंदर भी तो नहीं हैं। संभवतः आप यह पाएँगे कि ऊपर जिन तीस कमियों को सूचीबद्ध किया है, उनमें से एक-दो आपमें भी हैं। याद रखें कि हम सभी दूसरों से सबसे बेहतर व्यवहार की अपेक्षा उस स्थिति में भी करते हैं, जब हम स्वयं उनके साथ समान व्यवहार नहीं करते। यही कारण है कि आपको यह प्रश्न स्वयं से भी करना है और इसे आपके लिए ही ब्लैकबोर्ड पर सूचीबद्ध किया गया है कि आप देखें और स्वयं की जाँच करें।

मैंने समझाते हुए कहा, एक स्वप्नदर्शी नेता के तौर पर हमारे भीतर काम करने के लिए जुनून होना चाहिए। काम को पूजा की तरह समझना चाहिए। काम मात्र एक कर्तव्य नहीं है, बल्कि यह समर्पण है और यह एक प्रकार की कृतज्ञता है, जो हम सभी को जीवन ने प्रदान किया है। जब

काम पूजा बन जाता है तो स्वाभाविक रूप से ईमानदारी, नेक इरादे, सीखने का कौशल और नियमित तौर पर ज्ञान में नवीनता को जोड़ने पर आधारित दृष्टिकोण बन जाता है। इस प्रकार का व्यक्ति टीम में काम करने की शक्ति में विश्वास करता है और हमेशा देने व बाँटने की नीति में विश्वास करता है।

अतः एक स्वप्नदर्शी नेता बनने के लिए हम सभी को स्वयं अपने रक्षक, अपने लिए पुलिस का काम स्वयं करें। हमें दूसरों के अंदर कमियाँ देखने और उन पर कोई राय देने से पूर्व यह हमारा कर्तव्य है कि हम स्वयं को देखें। हम स्वयं के द्वारा किए गए कार्यों के माध्यम से सर्वप्रथम स्वयं के प्रति ही उत्तरदायी हैं, उसके बाद दूसरों के प्रति। केवल उसके बाद ही हम यह दावा कर सकते हैं कि हम एक स्वप्नदर्शी नेता बनने के लिए स्वयं को निरंतर सुधार व प्रशिक्षित कर रहे हैं।

और इस तरह यदि हम दूसरों पर नजर रखने से पूर्व स्वयं पर नजर रखेंगे तो राष्ट्रीय तौर पर हमारे चरित्र में किस प्रकार का क्रांतिकारी परिवर्तन आएगा, हममें से प्रत्येक व्यक्ति दूसरों पर निगरानी रखने से पूर्व स्वयं पर निगरानी रखेगा और हममें से प्रत्येक दूसरों को उपदेश देने से पूर्व उन सलाहों पर स्वयं अमल करेगा।

इस क्रांति की शुरुआत किसी भी समय किसी भी स्थान से हो सकती है।

□

30

भ्रष्टाचार के खिलाफ महिलाएँ

क्या हमें अंतरराष्ट्रीय महिला दिवस, 8 मार्च के मनाए जानेवाले उत्सवों से बाहर नहीं आना चाहिए, जब हम आनेवाले पूरे वर्ष के लिए दृढ़ संकल्प करते हैं।

इस उपलक्ष्य में 8 मार्च से पहले व बाद में सप्ताह भर का विचार-विमर्श करते जो महिलाओं से संबंधित विषय जैसे—महिलाओं की स्थिति, कन्या भ्रूण हत्या, पुरुषों के अनुपात, महिला जनसंख्या का गिरता अनुपात, बोर्ड रूम में महिलाओं की कम संख्या, संसद् में लंबित 33 प्रतिशत महिला आरक्षण बिल, गाँवों में महिला पंचों का प्रदर्शन, समाज में महिलाओं की सुरक्षा और महिलाओं के खिलाफ होनेवाले अपराधों पर विभिन्न सेमिनारों, सम्मेलन, कार्यशाला, रैली, संकल्प, नाटक, प्रतिनिधिमंडल, ज्ञापन इत्यादि के तौर पर आयोजित किए जाते हैं।

इन सबके अतिरिक्त यहाँ पर एक ऐसी संगठित योजना की आवश्यकता है, जहाँ पर महिलाएँ महत्त्वपूर्ण विषयों पर एक साथ आकर तथा सहक्रिया का निर्माण कर अपनी सामूहिक शक्ति को महसूस करें। इनमें से एक सभी स्तरों पर, छोटा या बड़ा, लोकतांत्रिक या राजनीतिक भ्रष्टाचार के खिलाफ लड़ी गई कठोर लड़ाई के माध्यम से सामजिक उद्घोषणा हो सकती है।

यह बहुत ही आवश्यक है, क्योंकि वर्तमान में हमारे देश में भ्रष्टाचार सभी बुराइयों की जननी बन गया है और महिलाएँ, एक या अन्य रूप में,

इसकी प्रमुख शिकार बनती हैं। भ्रष्टाचार आम इनसान के दुर्लभ संसाधनों को लूटता है और सभी सेवाओं को ऊपर से लेकर नीचे तक भ्रष्ट कर देता है। इन सबसे अधिक, यह लोक सेवकों को उनके प्रमुख कर्तव्यों से दूर कर देता है। यह उनके लक्ष्य को लोगों की संवा करने से भटकाकर धन के अनधिकार ग्रहण की ओर मोड़ देता है।

यहाँ पर महिलाओं के लिए वोट बैंक के तौर पर अकाट्य तौर पर आवश्यक है कि जनता की शक्ति के तौर पर उभरें। उन्हें सामाजिक तौर पर होनेवाले रूपांतरण के लिए केंद्र में आना होगा, जो सभी को लाभान्वित करेगा और इस देश के प्रशासन में सुधार लाएगा। यह उनके हाथ में है कि संपूर्ण तौर पर ऐसी नई पीढ़ी का निर्माण करें, जिनमें सदाचार व नैतिक मूल्यों का पूर्ण रूप से संचार हो, जिससे कि राष्ट्र का सामाजिक व राजनीतिक शासन शक्तिशाली बने।

यहाँ पर महिलाओं के **इस** वर्ष के लिए कुछ संकल्प दिए जा रहे हैं।

1. प्रशासनिक जागरूकता : प्रत्येक महिला को इस वर्ष प्रशासन व शासन संबंधी विषयों के बारे में अपनी जानकारियों को और भी पुख्ता कर उन्हें बढ़ना होगा।

इसे नियमित तौर पर समाचार सुनने, समाचार-पत्र व पत्रिकाओं को पढ़ने, बौद्धिक कौशलता पर आधारित कार्यक्रमों को टेलीविजन पर और अधिक देखने, ऐसे व्याख्यानों के लिए अपनी उपस्थिति दर्ज करवाना जो उन्हें राजनीतिक, आर्थिक, कानूनी व राष्ट्रीय विषयों के प्रति और भी अधिक जागरूक बनाएँ। महिलाओं को राजनीतिक चलन, अदालती प्रकथन, कानूनी प्रक्रिया और ऐसे मुद्दे, जिन पर राजनीतिक व सामाजिक समूहों द्वारा चर्चा की जाती है और उन पर व्यथित हुआ जाता है, पर अपनी नजर आवश्यक तौर पर बनाए रखनी चाहिए।

ग्रामीण इलाकों में रहनेवाली महिलाओं को सभी नवीनतम ग्रामीण योजनाएँ जो उन्हें दी जा रही हैं, के बारे में जानकारी रखनी चाहिए, जिससे कि वे उससे संबंधित अपने अधिकारों तथा उनसे होनेवाले

लाभों का दावा कर सकें। यह सब उन्हें स्वयं करना होगा और अन्य लोगों पर अपनी निर्भरता के दौर से बाहर आना होगा। इस तरह वह इसके प्रति पूरी तरह से आश्वस्त हो पाएँगी कि उनके अधिकारों को लेकर उनके साथ किसी प्रकार धोखा नहीं हो रहा है। स्वयंसेवी समूहों व महिला मंडलों के निर्माण तथा अपने संघों का गठन उन्हें सामाजिक तौर पर सशक्त बनाएगा।

यदि वे शहरी परिवेश में हैं तो उन्हें आवश्यक तौर पर शहरी प्रशासन में अपने संबंधित क्षेत्रों के अनुसार संलग्न होना चाहिए। उन्हें यह अवश्य ज्ञात होना चाहिए कि उनके (आम जनता) द्वारा चुना गया प्रतिनिधि कौन है और उन्हें उससे वह सब प्राप्त हो रहा है, जिसकी उन्हें अपने क्षेत्र के लिए आवश्यकता है—एक अपने सभी प्रयोजनों को पूर्ण करनेवाला स्कूल, आधुनिक उपकरणों से लेस डिस्पेंसरी, जहाँ पर स्वास्थ्य सेवा देनेवाले कर्मचारी उपलब्ध हों, नियमित तौर पर पानी और बिजली आपूर्ति, सार्वजनिक परिवहन, पुलिस, डाक सेवा, व्यावसायिक प्रशिक्षण केंद्र, परिवार व मध्यस्थता परामर्श केंद्र इत्यादि।

सभी महिलाओं को निश्चित तौर पर दो कानूनों का ज्ञान अवश्य होना चाहिए—सूचना का अधिकार कानून (प्रशासनिक उत्तरदायित्वों के लिए) और घरेलू हिंसा रोक-थाम अधिनियम (व्यापक तौर पर रोक-थाम के लिए)। ये दोनों ही कानून सामाजिक तौर पर सशक्त करनेवाले हैं। सभी महिलाओं को केवल इतना करने की आवश्यकता है कि वे इन कानूनों को प्रकट रूप में पढ़ें। इसका अर्थ यह है कि वे इसके सामान्य संस्करण, बिना किसी टीका-टिप्पणी के, का अध्ययन करें। यह उनकी इस अधिनियम के मूलभूत प्रावधानों को जानने में मदद करेगा और इस प्रकार वे आत्मनिर्भर बनेंगी।

2. शासन से मूल्यों तक : महिलाओं को इसके प्रति सुनिश्चित होने के लिए पुनः संकल्प लेना होगा कि वे अपने बच्चों में नैतिक मूल्यों के निर्माण पर अपना पूरा ध्यान केंद्रित करेंगी और उनका नेतृत्व उचित उदाहरणों के द्वारा करेंगी।

'यंगिस्तान' या युवा भारत पारिवारिक पालन-पोषण व स्कूली स्तर पर दी गई शिक्षा का ही उत्पाद होता है। इस स्तर पर बच्चों को शिक्षा देने का दायित्व अधिकतर महिलाओं पर ही होता है। इन वर्षों में वे बच्चों को जिस प्रकार का पोषण व शिक्षा दी जाएगी, उसका उनके व्यक्तित्व पर गहरा प्रभाव पड़ेगा। अत: यह आवश्यक है कि सही बीजों का रोपण किया जाए।

3. इस वर्ष महिलाएँ स्वयं अपनी आंतरिक क्षमता को पहचानने पर अपना ध्यान केंद्रित कर सकती हैं। यह उद्यमता को ग्रहण करने के लिए है।

जो महिलाएँ आत्मनिर्भर नहीं हैं, उन्हें आत्मनिर्भर बनने हेतु किसी प्रकार का व्यावसायिक हुनर सीखने के लिए विशेष प्रयास करने चाहिए। वे व्यवसाय करना सीख सकती हैं और इसकी पहचान कर सकती हैं कि उनके लिए कौन से अवसर कहाँ पर उपलब्ध हैं। उन्हें अच्छा व्यवसाय करने के लिए विपणन व बैंकिंग की कला में भी निपुण होना होगा। स्वयं सहायतार्थ समूह इस दिशा में आगे बढ़ने का मार्ग प्रशस्त करेंगे।

इस देश की सभी महिलाएँ एक जैसी परिस्थिति में नहीं हैं। कुछ को कुछ भी हासिल करने के लिए आसानी से अवसर उपलब्ध होते हैं और कुछ महिलाओं को अवसर उपलब्ध नहीं होते। महिलाओं के समक्ष चुनौती यह भी है कि किस प्रकार वे अपने पास उपलब्ध अवसरों का उपयोग कितनी कुशलता के साथ करती हैं।

वे, जिसके पास अवसर उपलब्ध हैं, उन्हें उनका प्रयोग बेहतर ढंग से करना चाहिए और आत्मनिर्भरता की ओर बढ़ना चाहिए। जिन्हें सरलता के साथ ये अवसर उपलब्ध नहीं हैं, उन्हें इनका सृजन, खोज व माँग करने की आवश्यकता है। महिलाएँ स्वयं की सहायता करने के लिए एक नेटवर्क का निर्माण कर सकती हैं।

सभी के लिए एक जवाब नहीं होता। लेकिन सभी में अपनी स्थिति को बेहतर बनाने तथा उसमें सुधार करने की तीव्र इच्छा एक जैसी ही होती है। यही इच्छा वर्तमान में सबसे अधिक महत्त्वपूर्ण है। और फिर,

अन्य लोगों की मदद की बारी आती है। यह सहायता वे किसी भी प्रकार से कर सकते हैं। इसकी शुरुआत वे अपने निकटतम परिवेश, परिवार और पड़ोस, गाँव या समूह से कर सकती हैं।

महिलाओं के लिए यह अति आवश्यक है कि वे व्यक्तिगत तौर पर तथा सामूहिक तौर पर अपने जीवन की बागडोर को अपने हाथों में लें। राष्ट्रीय स्वास्थ्य और समृद्धि इस संकल्प की शक्ति पर ही निर्भर है और यहाँ पर समान रूप से महत्त्वपूर्ण भूमिका भी निभा रहा है।

□

31

भ्रष्टाचार की कड़ी को तोड़ने की पहल व्यापारी वर्ग करे

हाल ही में मुझे चेन्नई में राज्य स्तर के सम्मेलन के लिए आमंत्रित किया गया, जिसमें पूरे तमिलनाडु से 5,000 से भी अधिक व्यावसायिक संघ सम्मेलन के लिए उपस्थित थे।

व्यापारी मध्यम और लघु स्तरीय व्यापारों का प्रतिनिधित्व कर रहे थे। इसमें पहली बार सम्मिलित होनेवाले व्यापारी भी शामिल थे। 5 मई के दिवस को व्यापारी दिवस के तौर पर मना रहे थे। इस दिन वे अपनी दुकानों को बंद कर एक साथ जनता और सरकार के सामने उन विषयों को रखने और उनकी ओर ध्यान आकर्षित करने के लिए आए थे, जिन्हें वे उनके सामने रखना चाहते थे।

इस बार उनका प्रमुख विषय प्रत्यक्ष विदेशी निवेश के साथ-साथ भ्रष्टाचार रूपी महामारी भी था—किस प्रकार व्यापारियों को सरकारी अधिकारियों द्वारा छोटी-छोटी बातों को लेकर परेशान किया जाता था और किस प्रकार वे इस देरी व परेशानी के कारण अपने व्यापार में घाटा सहते थे। वे इसका कोई हल निकालना चाहते थे।

पहले भी व्यापारी वर्ग भ्रष्टाचार-विरोधी आंदोलन के साथ हाथ मिला चुका था। उन्होंने अन्ना हजारे के भ्रष्टाचार के विरोध में भारत नामक युद्ध में अपनी एकता दिखाने के लिए अपनी दुकानों के शटर बंद किए थे। उनमें से कइयों ने कई दिनों तक अन्ना के साथ अनशन भी किया और इंडिया

अगेंस्ट करप्शन के स्वयंसेवकों को अपना पूरा-पूरा सहयोग दिया।

वे नित विकसित होते भ्रष्टाचार से होनेवाली परेशानियों से निजात पाने के लिए मार्ग तलाश रहे थे। कई अधिकारी, पदाधिकारी और प्रत्यक्ष रूप से पीड़ितों को सुनने के पश्चात् मैंने तीन शाखाओंवाली एक रणनीति का सुझाव दिया। उनको मैंने जो सुझाव दिया, उसे किसी भी व्यापारी संघ द्वारा लागू किया जा सकता है।

पहला सुझाव यह था कि एक राज्य व्यापी भ्रष्टाचार-विरोधी नियंत्रण कक्ष बनाया जाए, जिसके साथ एक टोल फ्री हेल्पलाइन नंबर भी हो। जब कभी कोई अधिकारी किसी व्यापारी के पास जाकर रिश्वत माँगे, व्यापारी उसे रिश्वत देने के बजाय उस टोल फ्री नंबर को डायल करे और अपनी शिकायत दर्ज करवाए, जिसमें वह माँग का पूरा विवरण, समय, स्थान, अधिकारी की पहचान, रिश्वत माँगने का कारण, उसके पास उपस्थित लोग, जो उस माँग के साक्षी बने इत्यादि दे। उसे व्यापारियों के भ्रष्टाचार-विरोधी नियंत्रण कक्ष द्वारा दी गई शिकायत संख्या का पूरा ब्योरा अपने पास सुरक्षित रखना चाहिए।

नियंत्रण कक्ष को शिकायत मिलने पर इसका ब्योरा कंप्यूटर में दर्ज करना चाहिए और कॉल करनेवाले को संदर्भ संख्या या शिकायत संख्या देनी चाहिए। इसके बाद प्रभारी को इस विषय को ई-मेल के माध्यम से मुख्यमंत्री के कार्यालय को प्रेषित करना चाहिए। मैंने शिकायत को मुख्यमंत्री के कार्यालय में भेजने का सुझाव इसलिए दिया, क्योंकि शिकायतकर्ता की शिकायत किसी भी विभाग के अधिकारी के खिलाफ हो सकती है और यह कार्यालय बेहतर रूप से जानता है कि इस विषय पर उपयुक्त कार्रवाई करने के लिए कहाँ भेजा जाए।

इसके बाद व्यापारी संघ को नियमित रूप से एक समय अंतराल पर सूचना के अधिकार अधिनियम के अंतर्गत बार-बार आवेदन फाइल करते रहना चाहिए, जिससे कि यह पता चल सके कि सरकार द्वारा उस शिकायत के बारे में क्या कदम उठाए गए। इस प्रकार से कुछ लोक सेवकों को बार-बार सूचना देनी होगी। संभवतः यह एक निवारक के तौर पर काम करे।

आज प्रत्येक व्यक्ति, बल्कि यदि वह किसी छोटे व्यवसाय में है तो

भी उसके पास मोबाइल अवश्य होता है। उसे अपने मोबाइल का प्रयोग अपनी शिकायत दर्ज करवाने के लिए अवश्य करना चाहिए और इस बाबत प्राप्त संदेश को साक्ष्य के तौर पर सँभालकर रखना चाहिए।

निस्संदेह, सभी शिकायतों की जाँच इसलिए करना भी आवश्यक है, ताकि यह पता लगाया जा सके कि उसमें से कितनी शिकायतें झूठी हैं या एक ईमानदार अधिकारी, जो बहुत ही कठिन काम कर रहा होता है, को मात्र परेशान करने के लिए उस व्यापारी द्वारा तो नहीं दर्ज करवाई गई जो कोई गैर-कानूनी काम में लिप्त है। लेकिन फिर, रिपोर्ट दर्ज करवाई जाए और रिश्वत न दी जाए। ईमानदार अधिकारी भी झूठी शिकायतों के खिलाफ निगरानी रख सकता है। इस प्रकार के काम में दोनों मार्गों द्वारा कटौती की जा सकती है; क्योंकि वर्तमान में भ्रष्टाचार का पूरा मामला भ्रष्ट सरकारी अधिकारी के पक्ष में भरा होता है। लोगों के पास ऐसा कोई स्थान नहीं होता, जहाँ पर वे भ्रष्टाचार के खिलाफ शिकायत दर्ज करवा सकें, इसलिए वे परेशानी से बचने और देरी को कम करने के लिए इसमें लिप्त होते हैं और रिश्वत देते हैं।

मेरा दूसरा सुझाव यह था कि वे लोग इंडिया अगेंस्ट करप्शन के साथ हाथ मिलाएँ और इसके स्वयंसेवक बनें और कभी रिश्वत न दें। इस विषय को उठाने पर किसी भी प्रकार की परेशानी होने की स्थिति में आई.ए.सी. के संयोजक उनकी सहायता करेंगे। इसके साथ ही, आई.ए.सी. के स्वयंसेवक एक साथ आकर अपनी एकता का प्रदर्शन करेंगे और भ्रष्टाचार के खिलाफ एकजुट होंगे।

मैंने वहाँ उपस्थित दर्शकों से यह जानने के लिए खोजबीन की कि क्या वे जानते हैं कि तमिलनाडु भारत के उन दस राज्यों में से एक है, जिसमें लोकायुक्त नहीं है—जो कि एक ऐसा स्वतंत्र राज्य विभाग है, जो राज्य के सरकारी अधिकारियों के खिलाफ लगाए गए भ्रष्टाचार के आरोपों की जाँच स्वतंत्र रूप से करता है। तमिलनाडु की दोनों प्रमुख राजनीतिक पार्टियों—द्रमुक और सत्ताधारी अन्नाद्रमुक—दोनों ने कथित तौर पर कहा कि उनके राज्य में किसी प्रकार के भ्रष्टाचार-विरोधी विभाग की आवश्यकता नहीं है।

व्यापारियों को आमतौर पर की जा रही लोकायुक्त की माँग का हिस्सा बनने की आवश्यकता है। उन्हें एक नागरिक चार्टर की माँग करने की आवश्यकता है, जो सरकारी सेवाओं जैसे लाइसेंस, अनुमति, सब्सिडी या यदि कोई हो तो अनुदान, समय अवधि की पूर्ति करे।

मेरा तीसरा सुझाव यह था कि व्यापारी संघ को प्रत्येक जिले में युवा व्यापारियों को व्यावसायिक प्रक्रिया को किस प्रकार समझा जाए और प्रक्रियाएँ जैसे किस प्रकार सरलता से बैंक से कर्ज लिया जाए, समय पर ब्याज दर का भुगतान, उनके स्वयं के खातों का रख-रखाव, सामान की गुणवत्ता के प्रति आश्वस्त करना, स्वास्थ्य ज्ञान और सफाई के बारे में सिखाने के लिए व्यावसायिक स्कूलों की स्थापना करें, व्यवसाय की शुरुआत करनेवाले युवा ऊँची दर पर कर्ज लेते हैं और जीवन भर उस कर्ज के बोझ तले दबे रहते हैं।

व्यापारी संघ के वरिष्ठ सदस्यों द्वारा इन तीनों सुझावों के लिए उस सम्मेलन के बाद हुए प्रेस सम्मेलन में स्वीकृति की घोषणा की गई।

अन्य व्यापारियों व संघों के बारे में क्या? यहाँ पर सभी के लिए यह अति आवश्यक है कि वे भ्रष्टाचार रूपी महामारी को दूर करने के लिए कुछ कठोर कदम उठाएँ।

□

32

समय आ गया है, लाखों की संख्या में लोग इस मार्च में शामिल हों

प्रत्येक वर्ष 30 जनवरी को महात्मा गांधी के बलिदान दिवस पर सुबह 11 बजे यातायात को पूरी तरह से रोक दिया जाता था और सायरन का इस्तेमाल किया जाता था। हमसे यह अपेक्षा की जाती थी कि हम जहाँ कहीं भी हों, वहीं पर रुककर दो मिनट का मौन धारण करें।

इस वर्ष 30 जनवरी को रोज की तरह ही अपनी गति के साथ आगे बढ़ता रहा। किसी भी टेलीविजन चैनल को सुबह इस दिन का महत्त्व याद नहीं रहा। राजघाट पर सुबह गांधीजी की समाधि पर फूल चढ़ाने के लिए लोग पहुँचे, लेकिन कहीं भी सायरन की आवाज नहीं सुनाई दी, कोई यातायात नहीं रुका, रेडियो पर कोई भी सुबह भक्ति गीत नहीं सुनाई दिया, स्वतंत्रता, आजादी और जिन्हें आजाद होने की आवश्यकता है, के भाग्य पर किसी प्रकार की चर्चा नहीं की गई। अभिजात वर्ग मिस्र में चल रहे स्वतंत्रता संघर्ष की खबरों को सी.एन.एन. टेलीविजन चैनल पर देखते रहे।

नैतिकता की कयामत का दिन निकट है। एक सभ्य समाज के तौर पर हम बीमार हो चुके हैं। हम उन लोगों को भूल चुके हैं, जिन्होंने हमारी आजादी के लिए लड़ाई लड़ी। संभवत: आनुवंशिक तौर पर हम गुलाम जीन के हैं, जो अब भी दबे हुए हैं और अब ऊपर उठने के मार्ग तलाश रहे हैं।

हे राम! दर्द में निकली आवाज है, और कुछ नहीं। यह खोने की

चीख है, उम्मीद की नहीं। यह अंतिम सत्य है। यह वह वाक्य है जो गौतम कॉल, पूर्व निदेशक जनरल पुलिस, द्वारा आई.पी.एस. अफसर के समूह को ईमेल में लिखकर भेजे गए।

इसके लिए एक अन्य वरिष्ठ अधिकारी द्वारा लिखा गया—'हे राम, यह शारीरिक दर्द से निकल गई चीख नहीं थी, बल्कि यह असहिष्णुता, कट्टरता और शत्रुता की पीड़ा से निकला वाक्य है। आइए, हम सभी इस बलिदान दिवस पर उन सभी लोगों को श्रद्धांजलि दें, जिन्होंने हमारे कल के लिए अपने आज का त्याग कर दिया! आइए, शांति और सौहार्द के साथ जीवन जीएँ। पुलिस पर इस राष्ट्र के शांति रक्षक के तौर पर इसके प्रति आश्वस्त करने की भारी जिम्मेदारी है। जय हिंद।'

मैंने समूह के तौर पर की गई ई-मेल में यह लिखा कि जब हम कक्षा या घर में हों, गांधीजी के शहीदी दिवस पर इस सायरन को सुनने के बाद खड़े हो जाएँ। अब ऐसा और नहीं होगा—टेलीविजन चैनल, रेडियो एवं होमगार्ड और विशेष तौर पर नागरिक सुरक्षा में तैनात कर्मी, जिन पर सायरन की जिम्मेदारी होती है (अब यह उपकरण सफेद हाथी है), इनको बजा सकते हैं। लेकिन यह निर्देश कौन देगा? राजनीतिक नेतृत्व की कमान सँभालनेवाले? ऐसा लोकतंत्र में नहीं हो सकता। लेकिन राजनीतिक नेतृत्व का कमान सँभालनेवालों का नेतृत्व वह नेतृत्व नहीं होता जो नेतृत्व करता है। वे मात्र एक पार्टी के सदस्य होते हैं।

वर्तमान में हम हजारों की संख्या में सामूहिक तौर पर भ्रष्टाचार के खिलाफ दिखाई देनेवाली अपनी आवाज को देश भर में बुलंद कर रहे हैं। इसमें बड़ी संख्या में वे सदस्य भी सम्मिलित हैं, जो समाज की सभी दिशा एवं वर्गों से इस घोटाला संस्कृति के खिलाफ अपने गुस्से को अभिव्यक्त करने के लिए आए थे। पहली बार बहुत से अव्यावहारिक और तमाशबीन लोग भी रविवार के दिन आए और इस विरोध का हिस्सा बने।

जैसाकि गांधीजी ने कहा था, हम जिस प्रकार से अपने आज को व्यतीत करते हैं, वही हमारे भविष्य को आकार देता है। अब हम यही कर रहे हैं। यह एक दिन की देर नहीं है, बल्कि यह अभी या फिर कभी नहीं की स्थिति है।

आप भी इसे अपने उत्तरदायित्व के क्षेत्र में कर सकते हैं और अपने

प्रकार से वर्ष के 365 दिन प्रभाव डाल सकते हैं। सफलता इस देश को दिन-प्रतिदिन धनी बनाएगी।

हमारे समय की यह त्रासदी है कि हमारा नेतृत्व ऐसे लोगों द्वारा किया जा रहा है, जो भावनात्मकता और देशभक्ति की भावना से होनेवाले जुड़ाव से कोसों दूर है। हालाँकि, वे सबसे पृथक् मामले नहीं हैं।

आइए, मीडिया द्वारा दिल्ली और साठ अन्य शहरों में हुए लोगों के इस आंदोलन की जिस प्रकार से रिपोर्ट दी गई, उस पर नजर डालें। हजारों की संख्या में वे लोग, जो भ्रष्टाचार के खिलाफ हुए इस मार्च का हिस्सा थे, ने पहली बार देखा, उस तरह से देखा जिस प्रकार टेलीविजन चैनल और प्रिंट मीडिया ने रिपोर्ट के तहत, कमजोरी होकर चुप्पी साधें रखी।

यह भी महसूस किया गया कि यह करके मीडिया स्वयं को मुक्त करने का अवसर खो रही थी। आखिर यहाँ उस पर पक्षपात करने तथा सनसनी फैलाने जैसे गंभीर आरोप लग रहे थे। यदि किसी भी चीज के लिए नहीं तो कम-से-कम यह दिखाने के लिए किसी एक मकसद और लड़ाई के लिए जाति, लिंग, धर्म, तबके या भाषा की कोई दीवार नहीं होती; क्योंकि इस जन-आंदोलन ने अलग-अलग आस्थाओं में विश्वास रखनेवाले तथा अलग-अलग पेशे से आए आम लोगों को एक सूत्र में बाँध दिया, जो इससे पहले कभी नहीं देखा गया था। हालाँकि विभिन्न मंचों पर होनेवाली बहस व संपादकीयों में इसकी इच्छा प्रायः जताई जाती रही। अब यह हो गया था, इसे जनता के साथ साझा नहीं किया गया। नियमित तौर पर होनेवाली बहस के लिए यह वास्तव में एक भारी नुकसान था।

कोई इसका मुकाबला किस तरह करता? क्या था, जिसने जनता की शक्ति को पीछे खींच दिया, विशेष तौर पर तब जब इसका नेतृत्व उन आवाजों द्वारा किया जा रहा हो जो निष्पक्ष, कानून का पालन करनेवाली और वोट के लिए लालायित नहीं हैं?

मेरे विचार से, यह हम सबके समक्ष आज सबसे महत्त्वपूर्ण चुनौती है। किस प्रकार से लोगों की आवाज सुनी जाए? ऐसा क्या है, जो आम जनता को सही उद्देश्य, जो उसके लिए बहुमूल्य है, की पूर्ति के लिए एक साथ आती है और जिसकी एकता उसकी शक्ति है, को प्रेरित करेगा और

उसमें विश्वास को पुनः जगाएगा? हमारी अपनी अधीनता, गठबंधन और निर्भरता हो सकती है; लेकिन हमारा एक भविष्य भी है, जिसकी हमें परवाह करनी है।

अब समय आ गया है कि हम भ्रष्टाचार के खिलाफ एकजुट हो जाएँ, क्योंकि यह हम सभी को प्रभावित करता है। और मीडिया आम नागरिकों की सक्रियता को चित्रित करने से दूर नहीं भाग सकती। मीडिया को चिल्लाहट से निरंतर आनेवाले के पार जाना होगा। उसे घोटालों से देश भर की उस आम व जागरूक जनता तक जाना होगा, जिसने इसका समाधान प्रस्तुत किया है। मुझे आश्चर्य होता है, यदि हमें अब प्रभुत्व को तोड़ने और मिस्र की तरह भ्रष्टाचार के खिलाफ भारत के करोड़ों लोगों को एक करने के लिए समांतर नागरिक मीडिया की आवश्यकता है। अब समय आ गया है कि लाखों की संख्या में लोग मार्च करें।

□

33

आजादी का दूसरा संघर्ष आरंभ हो गया है

भारत की आजादी की दूसरी लड़ाई—इस बार भ्रष्टाचार के खिलाफ—अब एक राष्ट्रीय आंदोलन बन चुकी है।

5 अप्रैल को अन्ना हजारे, जिन्हें 'आधुनिक भारत के महात्मा गांधी' की उपाधि दी गई है, दिल्ली में भ्रष्टाचार रूपी दानव से मुकाबला करने के लिए एक प्रभावशाली जन लोकपाल बिल का संयुक्त प्रारूप तैयार करने की माँग को पूरा करवाने के लिए आमरण अनशन करेंगे। इसमें मंत्रियों के समूह द्वारा तैयार किया गया गैर-प्रभावी बिल अस्वीकार कर दिया गया।

भारत में भ्रष्टाचार एक महामारी बन चुका है। यह पूरी तरह से फैल चुका है और सभी जगह व्याप्त है। सी फोर द्वारा दस शहरों—दिल्ली, मुंबई, बैंगलोर, कोलकाता, चेन्नई, पटना, लखनऊ, चंडीगढ़, भोपाल और हैदराबाद में किए गए सर्वेक्षण के हैरान करनेवाले परिणाम इस प्रकार हैं।

रिश्वत देने और लेने के बारे में जो खुलासे हुए वे विलक्षण हैं—(अ) दो में से एक ने माना कि उन्होंने अपने बच्चे का जन्म प्रमाण-पत्र लेने के लिए रिश्वत दी है। (आ) तीन में से एक व्यक्ति ने माना कि उन्होंने स्कूल में प्रवेश पाने के लिए रिश्वत दी है। (इ) तीन में से दो ने माना कि यातायात उल्लंघन में पकड़े जाने पर सजा से बचने के लिए उन्होंने रिश्वत दी। (ई) तीन में से दो ने माना कि अपने ड्राइविंग लाइसेंस

को पाने के लिए अपने तरीके से रिश्वत दी। (उ) आठ में से एक ने माना कि सचिव या अन्य अधिकारी को सरकारी नौकरी पाने के लिए रिश्वत दी। (ऊ) पाँच में से एक ने माना कि अपने घर में गैर-कानूनी रूप से विस्तार करने के लिए उन्होंने नगरपालिका को रिश्वत दी। (ए) चार में से एक अपने कार्यक्षेत्र में विस्तार की अनुमति पाने के लिए रिश्वत दी। (ऐ) तीन में से दो ने माना कि बिक्री कर से बचने के लिए उन्होंने रिश्वत दी। (ओ) चार में से एक ने माना कि प्रदूषण मानदंडों के उल्लंघन को जारी रखने के लिए उन्होंने रिश्वत दी।

औद्योगिक सूत्रों के अनुसार, रिश्वत, जो निकायों द्वारा दी गई, इस प्रकार हैं—(अ) भू-उपयोग में बदलाव भू-राजस्व मूल्य का 5 प्रतिशत; (आ) प्रदूषण चालान (एक मुश्त): यदि यह औद्योगिक प्रदूषण है तो 1 करोड़ रुपए; (इ) राज्य कर आधिकारिक : बचत का 10 प्रतिशत; (ई) बिजली कर्मचारी : चोरी का 30 प्रतिशत; (उ) कर आधिकारिक : आयकर वापसी का 10 प्रतिशत; (ऊ) राष्ट्रीय राजमार्ग : प्रति किलो मीटर 50 लाख; (ए) पुलिस : प्रतिमाह 25,000 रुपए: (ऐ) फैक्टरी इंस्पेक्टर्स : प्रतिमाह 5,000 रुपए; (ओ) बायलर इंस्पेक्टर : 5,000 प्रति माह और रेलवे बोगी : माल के मूल्य का 5 प्रतिशत।

भ्रष्टाचार का स्तर दिन-प्रतिदिन खराब होता जा रहा है। रिश्वत लेनेवाले दिन-प्रतिदिन अमीर होते जा रहे हैं, जबकि रिश्वत देनेवाले या तो जीवित रहते हैं या फलते-फूलते हैं। यह उनकी परिस्थिति पर निर्भर करता है। इस प्रकार के भ्रष्टाचार के जटिल उपशाखाएँ होती हैं, क्योंकि सभी प्रकार के उल्लंघन का एक मूल्य होता है जिसका भुगतान हमने एक समाज के रूप में या तो व्यक्तिगत या सामूहिक तौर, सीधे या अप्रत्यक्ष तौर पर किया है।

रिश्वत देनेवाले असमान रूप से संसाधनों के असमान वितरण, योग्यता प्रणाली को खराब करने, वातावरण को दूषित करने, मानव खतरे में बढ़ोतरी और असंतोष व अविश्वास को फैलाने, जो भ्रष्टाचार को बरदाश्त करनेवाली पीढ़ी का निर्माण कर देश की नींव को कमजोर करता है, में अपना योगदान देते हैं। यह, जैसाकि सर्वेक्षण में खुलासा किया गया, आज के भारत में हो

रहा है। रिश्वत देनेवाले व्यक्तिगत व व्यावसायिक मजबूरी के लिए दबाव में होते हैं या और अधिक धन एवं प्रभाव को प्राप्त करने के लिए लालची बन जाते हैं। दोनों ही प्रकार से वह भारतीय कानून प्रणाली के तहत बहकानेवाला और दोषी होता है।

हाल ही में ब्रिटेन ने रिश्वत अधिनियम 2010 को पास किया, जो सामान्य रिश्वतखोरी के अपराध को परिभाषित और स्पष्ट करता है। यह कहता है, यदि कोई व्यक्ति वित्तीय या अन्य लाभों को दूसरे व्यक्ति को प्रस्तावित करता, वायदा करता या देता है और वह व्यक्ति उस लाभ को इस इरादे से लेता है कि वह एक व्यक्ति को संबंधित कार्य या कार्रवाई में उचित ढंग से प्रदर्शन न करे या एक व्यक्ति को इस प्रकार के कार्य या कार्रवाई को उचित ढंग से न करने के लिए पुरस्कृत करे, दंडनीय है। इसमें दोषी पाए जाने पर 12 माह से लेकर 10 वर्ष तक की सजा हो सकती है। इस प्रयोजन के अंतर्गत जो कार्य व क्रियाएँ आती हैं—

सार्वजनिक प्रकृति का कोई भी कार्य; कोई भी क्रिया जिसका संबंध एक ऐसे व्यवसाय से हो जिसका एक व्यक्ति की नौकरी के दौरान प्रदर्शन किया गया अथवा व्यक्तियों (चाहे निगमित हो या गैर-निगमित) के विभाग की ओर से गया हो, यह चाहे ब्रिटेन के बाहर ही क्यों न हो।

इंडिया अगेंस्ट करप्शन (आई.ए.सी.) आंदोलन द्वारा जिस जन लोकपाल बिल का प्रारूप तैयार किया गया और उसे भारत सरकार के प्रस्तावित किया गया, उसमें भी इसी प्रकार की एक धारा को जोड़ा गया—'कोई भी व्यक्ति, जिसे सरकार से किसी भी कानून या नियम के उल्लंघन लाभ प्राप्त होता है, वह भी उस लोक सेवक के साथ-साथ दोषी होगा, जिसने प्रत्यक्ष या अप्रत्यक्ष रूप से उस व्यक्ति की लाभ को प्राप्त करने में सहायता की है, उसे भी भ्रष्टाचार में लिप्त समझा जाएगा।

भ्रष्टाचार से संबंधित कोई भी अपराध धन, पद और शक्ति के गठजोड़ के बिना नहीं होता। अतः रिश्वत लेनेवाले और रिश्वत देनेवाले दोनों को प्रणाली को बिगाड़ने—इससे भी अधिक लालच व राष्ट्रीय तौर पर की गई लूट के लिए सजा होनी चाहिए।

जन लोकपाल बिल, यदि संयुक्त रूप से तैयार किया जाता है,

एक प्रभावशाली कानून को आश्वस्त करेगा (www.indiaagainstcorruption.org पर पोस्ट देखें और वहाँ पर इस आंदोलन से जुड़ें), जिससे कि हम स्वतंत्रता की दूसरी लड़ाई में विजयी हों।

अन्ना महात्मा हैं और हम सभी स्वतंत्रता सेनानी। जन लोकपाल बिल यह आश्वस्त करेगा कि—हम अपने भाग्य के स्वामी स्वयं बनें और मात्र भ्रष्ट नेता के मतदाता बनकर न रह जाएँ। यह हमारे भविष्य की जीत होगी।

□

34

गिड़गिड़ाना, चुप रहना अब और नहीं

भ्रष्टाचार के मुद्दे पर विभिन्न सार्वजनिक मंचों पर कई प्रश्न बार-बार पूछे जाते हैं। मैंने उनमें से कुछ को आपके साथ उसी प्रकार बाँटने के बारे में सोचा जैसे उनको पूछा जाता है।

1. भारतीय पिछले साठ वर्षों से भ्रष्टाचार से पीड़ित क्यों हैं?

उत्तर—क्योंकि वे लोग इसके प्रति उदासीन हैं और सामान्यतः कुल मिलाकर डरे हुए और लाचार हैं, क्योंकि जो कोई इस स्थापना के खिलाफ आवाज उठाता है, उसे इसके दुष्परिणामों का भयंकर खतरा झेलना पड़ता है।

2. क्या वे नहीं जानते कि कौन किसमें लिप्त है?

उत्तर—हाँ, वे जानते हैं; लेकिन किसी ने भी उनको एक आवाज बनने के लिए एकजुट नहीं किया। वे जाति, संप्रदाय, समुदाय अदि के आधार पर बँटे हुए हैं।

3. क्या यह खबर नहीं बन रही थी?

उत्तर—हाँ, लेकिन यह राष्ट्रीय स्तर पर लोगों को प्रेरित करने के लिए काफी नहीं था। इसे पहले सप्ताह के सातों दिन और चौबीस घंटे चलनेवाले समाचार चैनलों पर देखा गया, समाचार-पत्रों में पढ़ा गया और रेडियो पर सुना गया; लेकिन इसने उतना हंगामा नहीं मचाया जितना कि आज मचा है।

4. क्या मीडिया इस मुद्दे पर लिख या प्रत्यालेख प्रस्तुत नहीं कर रही थी?

उत्तर—हाँ, लेकिन उनकी लेखनी पर्याप्त संगठित दबाव नहीं डाल रही थी।

5. क्या लोग जानते थे कि वे क्या कर सकते हैं?

उत्तर—वहाँ पर नियम-कानूनों को लागू करनेवाली एजेंसी, जिन पर स्वयं निगरानी रखने की आवश्यकता थी, क्योंकि वे बाहरी प्रभावों के लिए बहुत ही असंवेदनशील थे, पर लोगों का विश्वास नहीं रह गया था। आप कहाँ जाएँ और कौन आपकी सुनेगा? भ्रष्टाचार-विरोधी प्रणाली या तो अस्तित्वहीन थी या नाम मात्र के लिए थी। वास्तव में, वहाँ ऐसा कोई स्थान नहीं था, जहाँ जाया जाए। या तो भुगतान करो या घर जाओ।

6. और हमारी अमल प्रणाली क्या थी, जो सफेदपोश अपराधों को दर्ज करने के लिए उत्तरदायी थी?

उत्तर—वह राजनीतिक तौर पर नियंत्रित कानून को लागू करनेवाली प्रणाली थी।

आइए, देखें कि प्रमुख जाँच एजेंसी केंद्रीय अन्वेषण ब्यूरो किस प्रकार काम करती है। इसे उसी सरकार से अनुमति लेनी होती है, जिसके अधिकारियों पर जाँच अपेक्षित थी। यहाँ पर स्वार्थों में संघर्ष साफ तौर पर देखा जाता है। यह अपने पसंद के वकील या विशेषज्ञों की नियुक्ति नहीं कर सकता। यह अपने बजट में मुक्त रूप से हिस्सा नहीं ले सकता। इसकी संभावना है कि अन्य विभाग से कर्मियों की प्रति नियुक्ति में अनियमितता बरती जाए। सेवानिवृत्ति के बाद मिलनेवाली नौकरी उनके सामने झूलती बड़ी-सी गाजर की तरह होती है।

इस मामले की वास्तविकता तो यह है कि एक सामान्य भारतीय, जो गरीबी रेखा के नीचे अपना जीवन व्यतीत करता है, इसमें 1.2 अरब लोगों का एक-तिहाई भाग सम्मिलित है, अपने दिन-प्रतिदिन के जीवन के लिए संघर्ष करता है। उसे हर चीज के लिए सहायता चाहिए—उसे अपने राशन से लेकर पानी, बिजली, राशन कार्ड, अपने सिर पर एक छत, अपने बच्चों के लिए स्कूल, अपने माल की बिक्री, बैंक से कर्ज, अपने युवा बच्चों के लिए रोजगार ढूँढ़ने तक में मदद की आवश्यकता होती है। उसके लिए कुछ भी निश्चित नहीं है। उसकी बीमारी की स्थिति में यह संभव है कि

वह अपनी थोड़ी-बहुत बचत को खो देने या कर्ज में डूबने की स्थिति में पहुँच जाए।

आधी जनसंख्या के लिए अपवाद को छोड़कर यह परिवार और उनकी समर्थन प्रणाली है। उनके लिए चुनौती यह है कि किस प्रकार वे उस स्तर में सुधार करें, जो उनके अभिभावकों द्वारा प्राप्त किया गया है। उनके लिए जीवन की मूलभूत आवश्यकताओं—एक घर, परिवहन, मित्र, मनोरंजन, शादी-ब्याह पर खर्च करना, सुरक्षा, संबंध, कार्य-कौशल, संगत, सामाजिक नेटवर्क और यह क्षमता कि वह अपने कार्य को किसी भी प्रकार से करवा ले, को बनाए रखना है। वे रिश्वत लेने और देने की पहली व दूसरी सीढ़ी होते हैं। वे इंस्पेक्टोरेट, फाइल इनीशिएटर और सेफ कीपर होने के साथ-साथ सबसे पहले उपलब्ध करवाने भी होते हैं। उनका प्राथमिक प्रोत्साहन स्वयं, परिवार, जाति, उपार्जन और वरिष्ठ के लिए सहजता होती है।

देश के शीर्षस्थ 1 प्रतिशत अमीर लोगों का राष्ट्रीय धन के शक्तिशाली देनेवालों एवं अमीर प्राप्तकर्ताओं का गठजोड़ है। इसमें कुछ सम्माननीय अपवादों को छोड़ दिया जाए। दोनों ही पक्ष दिन-प्रतिदिन और भी अधिक अमीर व प्रभावशाली होते जाते हैं, जबकि नए युवा प्रवेश करनेवालों के लिए क्षेत्र को और भी संकुचित करते जाते हैं।

ऐसा क्यों हुआ? ऐसा इसलिए हुआ, क्योंकि हमारे पास पाँच वर्ष में एक बार मतदान करने के अतिरिक्त जिन लोगों का हमने चुनाव किया है, हमारे पास उन पर प्रभावी ढंग से निगरानी व नियंत्रण रखने एवं उनके प्रदर्शन का आकलन करने की कोई प्रणाली नहीं है। जिन भी मुद्दों को उठाया जाता है, उन्हें एक राजनीतिक पार्टी के माध्यम से ही उठाया जाता है, जिनका नेतृत्व हाई कमान द्वारा कार्य-सूची को तैयार करके किया जाता है। जब आम जनता भ्रष्टाचार के खिलाफ अपनी आवाज उठाती है तो उसे अनिर्वाचित के अत्याचार की संज्ञा दी जाती है।

आम जनता, सामाजिक कार्यकर्ता व सुधारक अन्ना हजारेजी के नेतृत्व के अंतर्गत देश की जनता एकजुट होते हुए एक उत्तरदायी और स्वतंत्र जाँच एजेंसी की माँग करने लगी, जो देश के पास आज तक नहीं है। भ्रष्टाचार रूपी बीमारी के देश में फैलने और इस ओर सबका ध्यान आकर्षित करने

के लिए हुए जन-आंदोलन के पीछे का वास्तविक कारण यही है। आज के लोग प्रिंट व दृश्यात्मक मीडिया के माध्यम से पहले से बहुत अधिक जागरूक हो गए हैं और अब वे सूचना के अधिकार अधिनियम के साथ सशक्त भी बन चुके हैं।

अनिर्वाचित के अत्याचार और भ्रष्टाचार के खिलाफ संयुक्त राष्ट्र के सम्मेलन में हस्ताक्षर के परिणामस्वरूप भारत सरकार संभवत: लोकपाल बिल का कानून बनाए। बिल को पास न करवाने की स्थिति में बिल को पास करने के लिए अन्ना हजारे जी द्वारा 27 दिसंबर की तिथि तय की गई है, जिसके बाद जन-आंदोलन की तैयारी है।

सत्तारूढ़ पार्टी जो चाहती है, वह कर सकती है। यह राजनीतिक इच्छाशक्ति प्रदान करती है। यदि यह संसद् के सत्र के दौरान रिटेल में प्रत्यक्ष विदेशी निवेश के लिए मंत्रिमंडल स्वीकृत प्रस्ताव को पास करवा सकता है तो यह जो बिल चाहें उसे ला सकता है या उसके लिए एक विशेष सत्र भी बुलवा सकता है।

विश्वसनीय सूत्रों के अनुसार, बहुत बड़ी संख्या में राजनेता एक शक्तिशाली लोकपाल को लाना इस डर से नहीं चाहते हैं कि इससे उनको अपनी शक्ति, धन और कुछ कार्यों, जो उन्होंने अतीत में किए हैं और जिससे वे बचते फिर रहे हैं, से सुरक्षा के खो जाने का डर है।

हम, आम जनता, फिर से सड़कों पर हैं। क्या आप हमारे साथ खड़े होना चाहते हैं और चाहते हैं कि आपकी भी गिनती इस आंदोलन में हो?

□

35

आगे बढ़ें

जब मैं इस लेख को लिख रही थी तो मुझे एक ट्वीट मिला, जो इसके लिए बहुत ही उपयुक्त था। उसमें कहा गया था—'हमारे देशभक्त नेताओं ने हमें स्वतंत्रता प्रदान की। आज हमने सभी स्तर पर भ्रष्टाचार को फैलाकर अपनी स्वतंत्रता को पूरी तरह से बरबाद कर दिया। हमारी इस गलती की सजा हमारी आनेवाली पीढ़ी भुगतेगी। विचार करें। अपनी आनेवाली पीढ़ी के लिए एक बेहतर समाज को अपने पीछे छोड़कर जाएँ। स्वतंत्रता दिवस की शुभकामनाएँ।'

मात्र यही कारण है कि देश बहुत बड़े स्तर पर फैले भ्रष्टाचार के खिलाफ इस विशाल जन-आंदोलन का साक्षी बना। संभवत: पिछले कई दशकों से यह भ्रष्टाचार आपराधिक न्याय प्रणाली को जान-बूझकर अप्रभावी रखने के साथ छुपा रहा। इससे मेरा तात्पर्य है कि राजनीतिक नियंत्रणवाला केंद्रीय जाँच ब्यूरो और अदालतें, जो बड़ी संख्या में लंबित मामलों से भरी हुई हैं, जिस कारण ट्रायल में देर होती है, इस कारण कानून तोड़नेवालों में अपनी करनी की सजा को लेकर भय नहीं रहता।

अन्ना हजारे द्वारा भ्रष्टाचार-विरोधी आंदोलन की शुरुआत एक प्रभावशाली लोकपाल बिल के लिए की गई, जिससे कि इन बीमारियों को दूर किया जा सके और बाबा रामदेव द्वारा आंदोलन की शुरुआत विदेशी बैंकों में जमा काले धन को वापस लाने के लिए की गई।

लेकिन आम जनता द्वारा शुरू किए गए इन जन-आंदोलनों के लिए प्रथम शुरुआत क्या थी?

सन् 2010 में राष्ट्रमंडल खेलों की संस्था में व्यापक स्तर पर हुए भ्रष्टाचार का खुलासा हुआ। मीडिया द्वारा आवश्यकता से बहुत अधिक लागत, बहुत बड़े बजट का आकलन, कॉण्ट्रेक्ट्स को लेकर पक्षपात, बुनियादी ढाँचे की खराब गुणवत्ता इत्यादि का खुलासा करते हुए साक्ष्य पेश किए गए।

इसके बावजूद लंबे समय तक इस मामले पर किसी ने भी ध्यान नहीं दिया। ऐसा ही 2-जी स्पेक्ट्रम घोटाले के खुलासे के समय भी हुआ। हम सभी जानते हैं कि इन घोटालों के परिणामस्वरूप भारतीय कोषागार में कई लाख करोड़ रुपए का नुकसान हुआ, जैसाकि भारत के नियंत्रक व महालेखा परीक्षक (सी.ए.जी.) द्वारा रिपोर्ट पेश की गई। जाँच एजेंसियों को अपने काम को एक साथ करने और अपने मूलभूत कर्तव्य को पूरा करने में भी लंबा समय लगा।

एक अन्य घोटाला आदर्श सोसाइटी था, जहाँ पर ऐसे लोगों को घरों का आवंटन किया गया, जिनके कोई राजनीतिक संबंध थे। इस मामले में भी मुख्य दोषी को दबोचने में वही हिचकिचाहट देखी गई, जो पहले के मामलों में देखी गई।

कार्यकर्ताओं द्वारा और अधिक खोज की गई, और अधिक घोटाले सामने आए। एक बार फिर हमने एप्पैक्स कोर्ट, सी.ए.जी. इत्यादि का अवलोकन एवं निर्देशों को मंत्रिमंडल के पंद्रह मंत्रियों, जिनके खिलाफ लगे गंभीर वित्तीय अनियमितता व भ्रष्टाचार से जुड़े अन्य कार्य की जाँच से जुड़े हुए हैं, को देखा।

हमने हाल ही में समाप्त हुए दिल्ली के रामलीला मैदान में विदेशों में जमा काले धन को वापस लाने के लिए हुए बाबा रामदेव के अनशन और उससे पहले अन्ना हजारे का दिल्ली के जंतर-मंतर पर केंद्रीय मंत्रिमंडल के मंत्रियों के खिलाफ लगे आरोपों की जाँच के लिए स्वतंत्र जाँच की माँग करते हुए आंदोलन को देखा। इन दोनों ही आंदोलनों को अभूतपूर्व समर्थन मिला। इस प्रकार का समर्थन सन् 1975 में आपातकाल से पहले जयप्रकाश नारायण के आंदोलन को मिले समर्थन के बाद नहीं देखा गया था।

अब भ्रष्टाचार के खिलाफ हुए ये आंदोलन समाप्त हो चुके हैं। उस सामूहिक आवाज का क्या होगा, जो सभी जगहों, भारत और विदेशों, से भ्रष्टाचार के खिलाफ उठी? हमें उन चुनौतियों को समझने की आवश्यकता है, जो भ्रष्टाचार के खिलाफ इस युद्ध के द्वारा हमारे सामने रखी गई हैं।

सबसे महत्त्वपूर्ण चुनौती आम आदमी के लिए है—आम लोग, जो इससे सभी प्रकार से प्रभावित होते हैं।

सभी पंजीकृत मतदाताओं को व्यक्तिगत व सामूहिक तौर पर अपने वोट के मूल्य को समझना व सीखना होगा। उनमें से बड़ी संख्या को यह समझने की आवश्यकता है कि वोट बिकाऊ नहीं होता, बल्कि यह एक ऐसा अधिकार है, जिसे पूरा करना हमारा कर्तव्य है। यह उनके हाथ में एक पवित्र बटन दबाने की शक्ति है, जिसके माध्यम से वे अपनी बेहतरी और समाज के लिए अच्छे शासन की माँग उन लोगों से करते हैं, जो उनके दरवाजे पर हाथ जोड़कर आते हैं और उनसे बेहतर जीवन गुणवत्ता देने का वायदा करते हैं।

चुनावों का समय आकलन करने का समय है—क्या चयनित प्रतिनिधि द्वारा अपने उन वायदों पूरा किया गया है, जो उन्होंने वोट माँगते समय किया था? क्या उनके जीवन-स्तर में सुधार हुआ है? यह किस सीमा तक उस समय से बदला है, जब से वह व्यक्ति अंतिम बार वोट माँगने के लिए आया था?

चुनावों का समय यह विश्लेषण करने का भी है—उन्होंने अंतिम बार जब मतदान किया था, उसके बाद किस प्रकार का परिणाम प्राप्त हुआ है—बड़ा फायदा या हानि? क्या इसने समाज की मूल्य-प्रणाली में अपना योगदान दिया है या उसे कमजोर किया है? क्या आपने जिस व्यक्ति को वोट दिया है, उसने आपके क्षेत्र की सेवा की है? या उसने केवल अपने फायदे के लिए ही काम किया है? क्या उसने आपकी शिकायतों को सुनने के लिए एक समय निश्चित किया है? क्या वह निगम, सभा या संसद् के सत्रों में जाने से पूर्व लोगों से सलाह करता है और क्या वह कभी पहले से दी गई सूचना के माध्यम से प्रतिपुष्टि वापस आया? क्या उसने अपने निर्वाचित क्षेत्र को इसकी सूचना दी कि क्षेत्र के विकास के लिए जो

धनराशि आवंटित की गई थी, उसे उसने किस प्रकार खर्च किया? क्या आप, एक मतदाता के तौर पर, उसकी जवाबदेही की माँग करते हैं?

अत: भविष्य-वर्तमान मतदाताओं और वे किस प्रकार से जिम्मेदार बनते हैं, पर ही निर्भर करता है। उन्हें ऐसा नहीं सोचना चाहिए कि उनका मत मात्र एक बटन तक ही सीमित है, जिसे उन्हें एक रस्म के तौर पर पाँच साल में एक बार दबाना होता है। उनका वोट एक ऐसी शक्ति है, जो मतदाता और देश के लिए बेहतर भविष्य के प्रारंभ का हो सकता है।

गैर-पंजीकृत मतदाता, लेकिन जो मतदान के योग्य हैं, भी महत्त्वपूर्ण हैं। यह आदेशात्मक है कि प्रत्येक व्यक्ति, जिसकी आयु अठारह वर्ष से अधिक है, मतदाता के तौर पर सामाजिक तथा एक नागरिक के तौर पर अपनी जिम्मेदारियों को निभाने के लिए पंजीकृत होता है। नए मतदाताओं के पंजीकरण की घोषणा अपर्याप्त प्रचार बजट के साथ की जाती है, जो एक गंभीर प्रचार व सूचना अभियान बनने के बजाय मात्र औपचारिकता बनकर रह जाती है, जो बहुत थोड़ी है। इसलिए, योग्य मतदाताओं को स्वयं का पंजीकरण करवाने और जो कुछ भी उनके आस-पास हो रहा है, उसके प्रति जागरूक होने के लिए स्वयं ही पहल करने की आवश्यकता है। उसके पश्चात् ही मतदान करनेवालों का प्रतिशत वर्तमान औसत प्रतिशत, जो 50 या कुछ अधिक है, से बढ़कर 90 प्रतिशत के पार हो सकेगा।

आज हमारा लोकतंत्र छियासठ वर्ष का हो चुका है। यह परिपक्वता की आयु होती है। प्रत्येक मतदाता को यह महसूस करना होगा कि वह लोकतंत्र की स्थापना नींव में एक ईंट है, जिसका अपना महत्त्व है। यदि वह चाहता है कि उसका देश शक्तिशाली बने तो उसे उस ईंट को सही स्थान पर रखना होगा।

जय हिंद!

□□□